LOCUS

LOCUS

LOCUS

LOCUS

Smile, please

smile 93

學習的王道

The Art of Learning

作　　者　喬希・維茲勤（Josh Waitzkin）
譯　　者　游敏
責任編輯　楊郁慧
封面設計　林育鋒
美術編輯　蔡怡欣
校　　對　呂佳真

特別感謝　O'house 文創工作室（書法太極現代印象）藝術總監劉嘉惠、中華民國西洋棋協會教練岳威伯、陳建維

出 版 者　大塊文化出版股份有限公司｜台北市105南京東路四段25號11樓｜讀者服務專線：0800-006689｜TEL：(02) 87123898　FAX：(02) 87123897｜郵撥帳號：18955675｜戶名：大塊文化出版股份有限公司｜法律顧問：董安丹律師、顧慕堯律師｜

總 經 銷　大和書報圖書股份有限公司｜地址：新北市新莊區五工五路2號｜TEL：(02) 89902588（代表號）｜FAX：(02) 22901658

初版一刷：2009 年 9 月｜二版一刷：2020 年 7 月
二版 5 刷：2023 年 11 月

定價：新台幣 300 元
Printed in Taiwan

學習的王道

The Art of Learning

Josh Waitzkin

游敏　譯

獻給母親，我的英雄——邦妮・維茲勤（Bonnie Waitzkin）

目次

引言

事也，凡事上窮極其理……物我一理，纔明彼即曉此，合內外之道也。

——十一世紀，宋朝《二程遺書》

二〇〇四年十二月五日，台北縣新莊體育館
第七屆中華盃太極拳國際錦標賽決賽

還有四十秒便進入第二回合，我躺在地上調整呼吸。痛徹全身。深呼吸。一切放空。我的肩明天一定抬不起來；至少一年才會痊癒；而現在傷勢搏動著，充滿生命力。我四周的空氣似乎在顫動，整棟體育館隨著中文的加油聲浪而晃動，但並不是爲我加油。隊友神情憂慮地蹲跪在我身邊，替我按摩手臂、肩膀和腿。比賽鈴響起。我聽見坐在看台上的父親高喊：「快起來啊，喬希！」我得爬起來。我看著對手跑到比賽場地的中央。他拍著胸脯喊叫。觀眾歡聲雷動。他們叫他「水牛」；「水牛」的塊頭比我大，比我強壯，動作卻像貓一般靈敏。但我可以解決他，只要我有辦法走到比賽場地中心。我得扎穩腳步，馬上提起丹田之氣。我們的手腕相觸，比賽鈴響，他的重拳像貨櫃一般砸在我身上。

誰能料想得到我會站在這裡？幾年前，我還在全球各地的西洋棋精英賽事中巡迴比賽。從八歲起，我就一直是全美同齡選手中段數最高的西洋棋手；我的生活重心就是接二連三的比賽，以及專為幫助我在下一回全國冠軍或世界冠軍大賽達到巔峰而設計的訓練課程。根據家父著作《天才小棋王》（*Searching for Bobby Fischer*）所改編，描述我童年時代的西洋棋生涯的同名電影推出後，我在十五歲至十八歲那幾年成為媒體追逐的焦點。我被視為全美國最出色的少年棋士，眾人期待我追隨巴比・費雪（Bobby Fischer）和蓋瑞・卡斯帕洛夫（Garry Kasparov）等西洋棋大師的腳步，拿下世界冠軍頭銜。

但我遇到更大的考驗。電影上映後，不論到哪裡比賽，總是會有崇拜者圍上來要求簽名。這一來我的心思不再專注在棋局上，意識到自己身為名人。我從小就喜愛鑽研西洋棋藝，在引人入勝的複雜層次中遨遊。我可以在棋盤前一坐就是幾個小時，起身時仍然熱血沸騰，並且對西洋棋、籃球、海洋、心理學、愛和藝術有了更深入的看法。西洋棋總是令我振奮，卻也讓我獲得性靈上的平靜。西洋棋讓我找到核心位置。西洋棋是我的良師益友。但就在我成為公眾人物後，西洋棋賽變得疏遠隔閡又令人不安。

我還記得有一回在拉斯維加斯參加巡迴賽：當時的我還是個年輕的國際西洋棋大師（International Master），賽場內有上千名與賽者，其中包括二十六位來自世界各地、棋力高深的特級大師（Grandmaster）①。身爲後起之秀，我對周遭的偉大智者有著無比的崇敬。過去我花了幾百個小時研讀他們的經典棋局，深深懾服於他們精湛的棋藝。就在第一回合開始之前，端坐在棋盤前的我沉浸於思緒中，爲開局做準備。就在此時，大會廣播向在場觀眾宣布，電影《天才小棋王》的主人翁也在現場。工作人員把一幅電影海報放在我的棋桌邊，影迷一下子蜂擁而上，圍聚在將主棋桌與觀眾分隔的圍繩邊。賽事繼續進行，當我起身想要釐清思路時，許多年輕女性把她們的電話號碼遞到我手中，還有人要求我在他們的腹部或小腿簽名。

這樣的場面聽起來，或許是個十七歲懷春男孩的夢想，我也不否認我還挺享受來自各方的注意力，但對我的專業發展卻是場夢魘。我的棋局開始四分五裂。我不再專注於棋賽的思考，卻想著自己專注思考的模樣不知好不好看？我所尊敬的特級大師前輩沒受到應有的重視，

①編註：國際西洋棋界按照比賽積分，授與特級大師（Grand Master, 2500分）、國際大師（International Masrer, 2400分），和國家大師（Fide Master, 2300分）等頭銜。

對我皺起眉頭。有些特級大師對我流露出他們的輕蔑與不屑。我只不過贏得八次全國大賽冠軍，卻擁有大批粉絲和觀眾的支持，但這些外在的名聲無法讓我更上層樓，更不用提對追求幸福毫無助益。

我在很年輕的時候就明白，名聲背後是全然的虛空。我向來致力追求棋藝上的成長，時常體驗到長時間的密集內省後那種手心冒汗的滿足感。這種平靜愉悅的感受和外人的阿諛奉承完全無關，而我深深期盼能夠重回那段純眞而豐富的時光。我很懷念單單純純就是個西洋棋學習者的身分，但我卻逃脫不了鎂光燈。我發現自己開始害怕西洋棋，每到要出門參加巡迴賽就提不起勁。在這段日子裡我下棋毫無靈感，反倒常應邀上電視節目。我在眾人面前擺出笑臉。

到了十八歲那年，我偶然讀了《道德經》，人生方向因此轉了個大彎。《道德經》渾然天成的智慧讓我深受觸動，我開始鑽研其他佛教與道教的哲學文本。我體認到，即使成爲旁人眼中的翹楚，不一定就會過得快樂，而我嚮往的是內在的平靜。

一九九八年十月五日，我走進曼哈頓下城的陳至誠太極學院，置身於一群專心致志、穩穩施展拳法的男女之中。我過去時常面對充滿鬥志的棋手，眼中只有面前的棋局，一心想要贏得比賽，但太極學院這群人關注的焦點卻是肢體的覺察，彷彿這些經過思考後慢慢施展的奇特動作，會帶來某種內在的愉悅。

我開始練太極拳，幾個星期下來，我發現自己在家裡練習這些從冥想內觀的方式出發的動作，一練就是好幾小時。由於過去西洋棋生涯的複雜牽連，能夠重新在新環境裡單純當一個初學者，感覺十分美妙自在，而且太極拳的藝術與我有種說不出的契合。當我隨著這些古老步法輕巧移動時，我對自己身體充滿生命力的脈動感到不可思議，彷彿是在向古老的調整方法汲取源源不絕的能量。

我的師父是舉世聞名的太極拳特級大師陳至誠，他花了好幾個月指導我，耐心糾正我的動作。初級班教室有十五名菜鳥學員，陳老師遠遠從六公尺外定定地盯著我看，不發一語地擺出我的姿勢，接著或向左或向右微微鬆開手肘。我跟著他微妙的指示修正動作。突然間，我的手充滿澎湃的能量，就像是他替我接上了電流，讓我的心緒鎮定下來。他對人體運作的理解簡直不可思議，但同樣令人佩服的是他的謙遜。在許多人眼中，他是當今世上最偉大的太極拳大師，但他卻能將初學的菜鳥與長年追隨他的弟子一視同仁，用同樣的關照耐心指導。

我學得很快，也對自己的成長感到詫異。我從十二歲起記錄習棋日誌，在學棋的過程中觀察自己的心理層面，而現在我也開始爲學習太極拳的過程寫日誌。

大約花了六個月時間修正套路動作（即太極拳的人體動作姿勢）後，陳老師邀我去上推手班的課。我感到相當興奮，這是我邁向太極拳中的武打競技的一小步。第一堂推手課上，陳老師和我面對面站立，兩人右腳向前跨步，右腕背相抵。師父要我推他，但當我做出動作時，他卻已不在原地，我覺得自己似乎像被吸塵器吸住一樣向前撲倒在地，擦傷了額頭。再來一回，這次老師輕輕向我推來，而我雖然試著閃避卻無處可逃。最後，我出於本能反應向後閃身，而陳老師根本連我衣角都沒沾到，就把我摔飛出去。

過了一段時間，陳老師指導我不抗力的身體技能。隨著訓練越來越深入，我學會在雙足不離地的情況下化解對手的攻擊。我運拳時刻意不多加思考，更多時候是隨著意念而動，而隨著這些肢體上的技巧逐步內化，太極拳冥想套路的細微動作變化卻開始在推手練習中靈活了起來。有一次和夥伴練習時，我感到對方身形出現破綻，而突然間他似乎飛了開去。他相當詫異，說他沒看見我有什麼大動作，自己卻被推開。我不知要如何解釋，但慢慢的，我開始體會到，我的家居冥想練習所帶給我的武術技藝的能量儲備是很充足的。成千上萬次以慢動作練習、不斷修正改進後，我的身體能夠直覺地使出那個招式。不知怎地，在太極的意念驅動下，少許的肢體運力就可以產生莫大的身體對應效果。

這種學習經驗和我過去學西洋棋的經驗很接近。不管學什麼，我都是不斷研習各種技巧、原則和理論，直到這些知識和我的潛意識結合爲一。表面看來，太極和西洋棋南轅北轍，但兩者逐漸在我心中交融。我開始把西洋棋的觀念轉化爲太極語言，彷彿這兩種技藝透過本質相通的場域而彼此連結。隨著一天天的深入體會，我注意到西洋棋與太極拳之間有越來越多的相似之處，直到當我練習太極拳時感覺自己好像在研習棋藝一樣。有一次，我在曼菲斯進行一對四十的即席西洋棋對弈表演賽，賽事進行到中途，我才意識到自己把這些比賽當成打太極拳。我沒有計算棋位的紀錄或設想開局的變化棋步，我只感覺到棋路的流暢，填滿空檔，就像我在海上或沉浸在武術中那般乘風破浪。這實在太不可思議了！**我在沒有刻意下棋的情況下贏了一局局的棋賽**。

同樣的，當我置身於推手比賽，時間似乎慢了下來，讓我有足夠的時間去一一拆解對手的架式，找出他的弱點，就像在棋賽中一樣。我對大腦意識活動的著迷、對西洋棋和太極拳的研究、對文學與海洋的喜愛、對冥想與哲學的熱愛，全都與「專注鑽研、援引心智潛力」的基調相關。我的成長逐漸被定義爲**心無罣礙**。心無二用的專心致志，讓雜念或錯誤訊息無從滲入我的自覺，而我在不同人生經驗之間，觀察到其間有清楚的關聯。

當我努力讓自己對這些關聯抱持開放態度，生命中一下子充滿了強烈的學習經驗。我還記得某個風雨交加的下午，我坐在百慕達的一座峭壁上，看著巨浪一陣陣拍打礁岩。我專心看著浪花慢慢退下與大海合而爲一，突然間想出困擾我好一段時間的西洋棋難題的答案。還有一次，在完全沉浸於分析棋局長達八小時之後，我竟然想到太極拳技法的突破，並且在當晚的課堂中演練成功。閱讀偉大的文學作品激發棋藝的成長，在紐約街頭的球場投籃，讓我找到可以運用在太極拳上的流暢感。潛入深海，幫助我泰然面對西洋棋或武術世界冠軍錦標賽的時間壓力。讓自己能在極度生理疲勞後快速減緩心跳的訓練，讓我在一場又一場耗費心神的西洋棋比賽的短暫空檔迅速恢復精神。在陷入多年的徬徨迷霧後，我終於又能自在地飛翔，貪婪地吸收資訊，無可救藥地愛上學習。

在我開始構思本書以前，我對自己在武術方面成長的了解僅限於抽象面，且以此滿足。我用**平行學習**（parallel learning）和**程度移轉**（translation of level）這些名詞來說明我的經驗。我覺得自己似乎已經把從西洋棋藝領悟到的精髓轉移到太極拳練習中。但這樣講似乎不通。說到這，**精髓**到底是什麼意思呢？又要怎樣把對一項心智活動的領悟轉移到一項肢體活動呢？

二〇〇〇年十一月第一次贏得全國推手大賽冠軍後，這些問題便成了在我心中盤旋不去的疑惑。我當時正在哥倫比亞大學念哲學，又特別對亞洲哲學思想感興趣。我在印度、中國、西藏，和希臘的古籍中，爲自己的經歷找到一些有趣的基礎——古奧義書思想的**精髓**（essence）、道家的**感受力**（receptivity）、新儒家思想的**原則**（principle）、佛家的**不二**（non-duality）和柏拉圖的**形式**（forms），似乎都是我所追尋的奇妙的跨文化思想。每當我有新的想法，我便去找教授談，而他通常不同意我的結論。學術界人物對抽象語言總是比較沒耐心——有一回我提到直覺，哲學教授翻了翻白眼，告訴我這名詞沒有意義。我需要用更精準的辭彙去表達想法，也讓我因此更具體的去思考這些概念。我必須對**精髓**、**質**、**原則**、**直覺**和**智慧**

這些概念有更深的體認，才能弄懂我自身的經驗，否則根本無法把這些經驗用語言和他人分享。

當我費了一番工夫想要對自身的學習過程有更精準的了解，讓我不得不重新回溯自己走過的路，回想到底有哪些經驗被內化，又有哪些經驗被遺忘。在我的西洋棋和武術生涯中，一直以來，有一種學習方法對我的成長功不可沒。我有時稱之爲**習數以忘數**或**習形以忘形**。這個學習過程的基本例子適用在任何學習領域，更可以藉由西洋棋清楚說明：西洋棋的學習者起先必須專注於基本面，才擁有潛力去學習高階的技巧。他必須要學習殘局（endgame）、中局（middlegame），和開局（opening play）的原理。一開始，習棋者一次思考一或兩個關鍵主題，但隨著經驗累積，習棋者學會運用直覺，把越來越多的原則融會貫通。到後來，習棋者的基礎已經深深扎根，不再需要刻意思考原則，便能靈活運用。這個過程隨著學習者技巧程度不斷提高而重複循環。

段數高深的棋手很少談到基本功，但基本功卻是造就他們不凡地位的磐石。同樣的，偉大的鋼琴家或小提琴家也不會逐一思考每個音符，而是流暢地奏出旋律。說實話，一邊演奏貝多芬第五號交響曲一邊想著「C小調」，恐怕會讓音樂難以入耳，因爲樂曲的流暢必定受到窒礙。問題是，如果想爲初學者寫本學棋指南，那就必須把深藏在潛意識的基本概念都重新挖出來——拙作《喬希・維茲勤的西洋棋攻略術》（*Attacking Chess*）是我的處女作，寫作過程中就碰過這個問題。爲了要寫得淺顯易懂，便於初學者閱讀，我必須將多年來不斷努力融會貫通的重要西洋棋知識再重新拆解開來。

當我們分析學習的藝術時也可以看到同樣的模式：學習的主題可以被內化、活用，進而遺忘。西洋棋界的競爭相當激烈，一旦停滯不前就會被超越；我在其中摸索出有效學習的方法，隨後我又自然而然將辛苦領會出的心得運用在武術的學習上。我避開了普通學習者易犯的錯誤和引人分心的歧途，但我未曾對此多加思索，因爲學習的途徑已經深植在我心中——就像西洋棋的原理一樣。

自從我決定寫這本書，我就不斷自我分析，拆解自己所知，並且深入探討過往的經驗。我應邀向企業界及學術界聽眾分享個人學習經驗，促使我必須讓自己的想法更清晰易懂。如果我表達概念或學習技巧的方式太過抽象，我就強迫自己再把這個概念或技巧按著我過去的腳步，一一拆解開來。隨著時間的累積，我看出默默引導我的原理的端倪，系統化的學習方法也逐漸浮現。

我的西洋棋生涯從紐約格林威治村的華盛頓廣場公園開始，自此帶我走上十六年驚險刺激、起伏多端的弈棋生涯；在美國、羅馬尼亞、德國、匈牙利、巴西和印度贏得冠軍，歷經各種心痛與狂喜的比賽經驗。近幾年來，太極拳對我而言已經變成冥想、武術和心靈成長之舞，也是學習過程的觀察、試驗與探索。我至今贏得十三次全美太極拳推手冠軍、在台灣舉辦的二〇〇二年世界錦標賽中名列第三，並在二〇〇四年中華盃國際太極拳錦標賽中贏得冠軍殊榮。

參加了一輩子的比賽，並沒有冷卻我追求勝利的熱忱，但我更熱愛學習與訓練的過程。在歷經這麼多大賽之後，在壓力下讓自己的表演維持水準已成爲生活的一部分。面對敵手的感覺，和此刻我坐在電腦前打出這些字句的感覺，沒有什麼不同。我體認到我最拿手的不是太極拳，也不是西洋棋——我最拿手的是學習的藝術。這本書便是我的學習之道。

第一部 基礎

1 無心插柳

父母和教練希望，我和西洋棋的關係要建立在學習和熱情上。

還記得那個紐約下城的寒冷冬日午後，母親牽著我的手走向華盛頓廣場公園的遊樂場。六歲的我十分好動，熱愛蜘蛛人、鯊魚、恐龍、運動，且調皮搗蛋讓父母抓狂。母親老是說：「實在很皮。」我常常纏著父親，要他陪我玩足球或棒球，或是在客廳陪我摔角。玩伴都叫我「爛皮」，因爲我的膝蓋總是因爲玩耍時跌倒或撲倒接球而擦傷。我從小就喜歡冒險刺激，會用鄰近工地撿來的廢木板和空心磚搭起克難的腳踏車跳躍板。我不肯乖乖戴安全頭盔騎車，直到有一次，一個漂亮的空中扭轉動作竟然摔個狗吃屎，惹得母親撂下狠話說，如果我不戴頭盔騎車，她就不戴護具騎馬。

往公園遊樂場的這條路，我們走了不下幾十次。平常我喜歡攀著一條條單槓晃來蕩去，想像自己是泰山，而世界就是我的叢林。但那一天卻有些不尋常。我回頭望，擺在大理石棋盤上的神祕棋子令我著迷得發怔。我想像自己踏入一座森林，而那些棋子就像林中的動物，擁有奇異的潛力，有什麼危險而富有魔力的東西將會從棋盤一躍而出。常在公園晃蕩的兩個男人各踞一方，挑釁著對手，對峙的緊張使空氣也變得沉重，接著棋子在瞬間動了起來，靈敏的手指以閃電般的速度和準確性在棋盤上移動，白棋與黑棋在棋盤上交錯攻守，創造出種種形式。我被這場戰役深深吸引；這遊戲有種說不出的熟悉感，我似乎看得懂。棋桌邊圍觀的人群越來越多，使我看不見棋盤上的動靜。母親喊著我，輕拉我的手臂，我們繼續朝著遊樂場走去。

幾天後，母親和我再度來到公園，有個白鬚老人正往大理石棋盤上排放棋子，我掙脫母親的手跑過去。那天在學校裡，我看了幾個孩子下棋，我以爲我學會了。「想下棋嗎？」老人隔著鏡片懷疑地看著我。母親不好意思地說我並不會下西洋棋，老人說他自己也有孩子，可以理解，而且他剛好有點時間。母親後來告訴我，當棋局開始時，我伸出舌頭頂著上唇，這是我感冒鼻塞或極度專注時才會出現的表情。我還記得當時有一種奇妙的感受，彷彿找到一段遺失的記憶。我們兩人一來一往，而我感覺自己許久以前就下過西洋棋。這種遊戲有一種和諧的美感，像一首優美的歌曲。老人在我苦思對策時，好整以暇地翻閱報紙，但沒多久卻不高興地說我母親打擾了他。顯然，我下得還不錯。

我組織了幾個棋子發動攻勢，而老人必須嚴加戒備才能抵擋。過了一會兒，棋盤邊聚集一群人——他們悄聲說著「小小費雪」云云。母親感到不解，也有點擔心她的寶貝兒子不對勁。而我完全沉浸於自己的世界。最後，老人贏了這盤棋。我們握了握手，他問了我的名字並順手寫在報紙上，接著對我說：「喬希・維茲勤，有朝一日，我會在報上看到你的消息。」

從那天起，華盛頓廣場公園像我的第二個家，而西洋棋成為我的最愛。放學後，我不再留戀足球或棒球，一心想著要去公園下棋。有時我一屁股坐在面目猙獰的傢伙面前，擺出兵來將擋的態勢，隨即開戰。我喜歡對弈的刺激，有時則一局接一局的下快棋，接連幾個鐘頭窺看棋子構成的叢林，找尋出路，用心智的手榴彈與對手交錯攻防。我回到家時，滿腦子盡是西洋棋，央求父親把束之高閣的木製西洋棋組拿出來和我下幾局。

一段時間過後，公園棋客接受我成為其中的一分子。他們把私房絕招傳授給我，教我如何發動威力十足的攻勢，以及如何揣摩對手的思路。我成為街頭棋手的門徒，大膽老練，又爭強好鬥。對一個孩子來說，那是個奇妙的學習環境：不馴的酒鬼、露宿街頭的天才、沉迷西洋棋的有錢賭徒、毒蟲、頹廢藝術家——這些外表粗俗的人之中不乏耀眼的奇才，他們住在陋室窄巷中，卻對西洋棋充滿了狂熱。

除非遇上大雨或下雪，華盛頓廣場公園西南邊角落的十九張大理石棋桌，每天都被這群形形色色的棋友占據。大多數的日子我也會到那兒去，嚼著口香糖，用稚弱的雙臂迎戰一個個棋客，增進我的棋藝。當然，父母是經過一番考量後，才答應讓我到公園下棋。我意志堅定，且公園裡的棋友在我面前都會自動克制收斂；捻熄香菸和大麻，髒話嚥下肚子，毒品交易暫停。我和棋友面對面坐下，立刻專心交手。母親告訴我，每當我開始下棋，她的寶貝兒子就搖身變成沉穩的老人。我在棋桌上相當專注，她甚至感覺到要是把手放在我眼前，大概會被灼傷。當時的我年紀還小，說不清爲何有這股熱勁。我想那是種召喚，不過我到現在仍不明白從何而來。

下了幾個月的棋後，我已經可以打敗不少下了幾十年棋的傢伙。如果我輸了棋，棋友會給我忠告──「喬希，你太鬆懈了，才會讓他有機可乘。你要發動攻勢，打得他們屁滾尿流。」「喬希小子，有時候你要棄車保帥，懂得自保，才不會落得全盤皆輸。」我按下計時鐘，沉住氣，再來一盤。每一次輸棋都是一場教訓，每一次勝利都令我振奮。一天一天過去，我一點一點拼湊出西洋棋背後的祕密。

每次我去公園下棋，棋桌邊都會有一大群人圍觀。在這個小小世界裡，我像個明星一樣。雖然成爲眾所矚目的焦點讓稚齡的我感到興奮，卻也成爲一大考驗。我很快就明白，當我分心想著「別人在看我」，我的棋就下不好。一個六歲大的孩子很難不理會一群大人拿他當話題，不過當我專心進入狀況時，就好似陷入某種模糊朦朧的狀態；棋局的緊張情勢、四周的人聲和車水馬龍，與呼嘯而過的救護車警笛聲交織成一股漩渦，激發我的思考。有時候，我在喧嚷的公園反而比在寧靜的家中更能心無雜念地專注思考；也有些時候，我會轉頭看著身旁的人，被他們的談話吸引，結果棋下得一團糟。我相信對我父母來說，看我初學西洋棋的過程一定讓他們很沮喪——沒有人知道我會嚼著小熊軟糖、嘻笑著下一盤破綻百出的棋，還是會全神貫注地進入另一個世界。

某個週六下午，我和朋友傑瑞在下快棋，我注意到圍觀的人群中有個高個子，但隨後我又將注意力轉回棋局上。過了一兩個鐘頭，那人主動走向我父親做自我介紹。他是布魯斯・潘道菲尼（Bruce Pandolfini），是大師級的西洋棋棋手兼教練。布魯斯對我父親說我很有天分，希望能將我收入門下指導。

父親認出這位布魯斯，曾在一九七二年巴比・費雪和波力思・史帕斯基（Boris Spassky）交手的那場西洋棋世界冠軍賽上，與薛爾比・萊曼一同擔任電視評論員。那場大賽對西洋棋有革命性的意義——有上百名教練與訓練師隨行的蘇聯冠軍選手，向一個離經叛道、獨自閉門造車的美國小子宣戰。費雪的外貌宛如影星詹姆士・狄恩和葛麗泰・嘉寶的綜合體，擄獲全美國人的心。

一九七二年這場兩大思想家的交鋒，含有著莫大的政治意義，被視爲冷戰兩大陣營交手的寫照。當時的美國國務卿季辛吉親自打電話給費雪打氣；美蘇雙方的政治人物密切關注賽況。在萊曼與布魯斯平易近人的解說分析中，全世界屏息注視棋局的變化。最後，費雪贏了這場冠軍賽，在國際間一炮而紅，西洋棋隨即風靡全美，受歡迎的程度足以與籃球、美式足球、棒球和冰上曲棍球相提並論，然而費雪卻在一九七五年銷聲匿跡，西洋棋熱跟著退燒。從那時起，美國的西洋棋界一直在尋找下一個巴比・費雪，一個可以讓西洋棋重回眾人矚目焦點的人物。

二十年前，薛爾比和布魯斯曾經喚起我父親的想像，而現在布魯斯竟然表示，有意指導他乳臭未乾的六歲兒子，讓他感到不可思議，但我卻有點不知所措。西洋棋很有意思，公園棋客是我的夥伴，有他們教我就很好了，爲什麼還要找教練？西洋棋對我而言是很個人的活動，有如私密的奇幻世界。我必須要先能信任一個人，才會讓他進入我的思考過程，而布魯斯要先克服這層防護罩，才能開始指導我。

我們的頭幾堂課完全沒有照著規矩來：我們並沒有「研究西洋棋」。布魯斯明白，先讓我們熟悉彼此，先培養真正的信賴和默契，要比研究棋藝來得重要，因此我們天南地北地談生活、談運動、談恐龍、談任何我有興趣的事物。每當話題轉到西洋棋，我總是頑固地堅持己見，拒絕接受任何正式的指導。

我不肯改掉從公園夥伴那兒學到的壞習慣——例如，太早讓后出馬。這是初學者的典型錯誤：后是棋盤上最具威力的棋子，因此很多人會想立刻讓她出征。面對棋技不純熟的對手時，這個策略十分管用，但問題是雖然對方要先犧牲不少棋方才吃得掉我方的后，但對手也可以一邊出動沒那麼重要但卻也有相當威力的棋子，追著我方的后滿棋盤跑，一邊消除落單的后所布來的威脅。這是再簡單不過的邏輯，但我以前光靠亂闖的后就贏了不少棋局，所以就是不肯放棄這個戰略。布魯斯光靠講解沒辦法說服我——他得要證明給我看。

布魯斯決定，我們兩人各自使出渾身解數，好好來幾盤快棋，就像我在公園裡那樣。每當我犯了基本錯誤，他便指出我違反了什麼基本原則。如果我不肯聽從，他就會利用我所犯的錯誤向前進攻，使我潰不成軍。到後來，布魯斯贏得我的尊敬，因為我發現他的說法是正確的。我漸漸懂得按「后」不動，直到時機成熟才出擊。我學會放長線布局，控制棋盤中心，並且有條理地部署攻擊。

布魯斯贏得了我的信任，而他指導我的方式是容許我表達自我，亟待克服的主要障礙是我的急躁。我是個有點天分、直覺頗為敏銳，習慣與街頭混混交手但缺乏正統訓練的孩子，而現在該是要教我放慢腳步，好好培養洞察力的時候。然而，布魯斯的引導必須小心翼翼：一方面他必須教我遵守紀律，但另一方面他不能因這些規矩而扼殺了我對西洋棋的熱情，或壓抑我與生俱來的表達方式。很多教學者對這種微妙的平衡一無所覺，試圖逼迫學生照本宣科。這些年來，我碰過不少類似這樣極端自我的教師，而我深信，他們的教學法長期下來會對學生帶來莫大的破壞力——至少這種方式對我而言是行不通的。

我知道我不是個容易管教的孩子。父母培養出我的自主意志；哪怕是年紀還小，他們也鼓勵我在自家的晚餐派對上，參與關於藝術與政治的熱烈辯論。他們引導我表達自己的意見、思考別人的看法——而不是盲目服從權威。所幸布魯斯的教育理念和我的個性非常契合。他並不以全能的教師自居，而且他對待我的態度並不像個權威人士，反而像個引導者；如果我不同意他的說法，我們會坐下來討論，而不是聽他說教一場。

布魯斯用提出問題的方式讓我慢了下來。每當我在棋局上做了一個重要決定，不論好或壞，他都要我說明思考的過程；他會問我，有沒有其他方法可以達到同樣的目的？有沒有想過怎麼走棋步最有威脅性？有沒有考慮不同的棋步順序？布魯斯並不會一味地討好我——不像有些教練為了摒棄權威式教學法，不管弟子表現是好是壞，都無條件地給予讚美。他們的出發點是為了讓孩子建立信心，卻適得其反，抹殺了客觀，導致自我陶醉、自命不凡。最糟糕的是，聰明的孩子其實感受得到師生間不誠實的互動關係。

如果我棋下得不順，布魯斯會問我是怎麼想的，接著兩人一起討論還有什麼思考方向。我們上課時，大多數時間是靜默的，兩人都陷入沉思。布魯斯不希望光是填鴨，而是幫助我啓發心智，邁向成熟。一段時間下來，布魯斯以循循善誘、幽默風趣，溫和但不失堅定立場的指導方式，幫助我對西洋棋的主要原則打下深厚基礎，並對分析與計算有了系統化的理解。

這些新學得的知識很有價值，但布魯斯在剛開始指導我的頭幾個月，最重要的一環是培養我對西洋棋的熱愛；而且，他從不讓技術性的教材扼殺我對西洋棋與生俱來的感受。

向布魯斯學棋的頭幾個月，我們每週在我家上一、兩次課——有時是大清早，有時是放學後。不學棋的日子，我還是常跑到公園，和那群棋友廝殺個幾盤。對六、七歲的我來說，當時有兩股強勁的勢力在影響我的棋藝教育，而關鍵是讓兩者和平共存——街頭的無畏棋手，必須要和布魯斯努力培養的「接受古典訓練、勤奮堅毅的棋手」相融合。年幼的我不大愛練棋，但我卻眞心喜愛布魯斯帶著我研讀的歷屆世界冠軍賽棋譜的絕妙之美——有時候，靜坐個二十分鐘專心盤算棋譜的殘局，足以讓我興奮莫名。但也有些時候，這麼嚴肅的思考讓我耐不住性子，迫不及待想和公園的夥伴來幾場快棋，任性廝殺、不用瞻前顧後，盡情創造美妙的棋步組合。公園的棋局就是好玩。當時的我畢竟還是個年幼的孩子。

儘管外界的關注帶來不少壓力，我父母和布魯斯仍決定，在我有一年左右的棋齡以前，暫時不讓我參加比賽，因爲他們希望我和西洋棋的關係先要建立在學習與熱情上，而比賽則是並不迫切的次要目標。對於是否要讓我接觸比賽的競爭壓力，我母親和布魯斯特別感到矛盾——我感謝他們讓我能多保有幾個月的純眞。過了七歲生日沒多久，我開始參加西洋棋分齡賽。比賽對我來說並不難。與我同年的孩子，不像公園棋客那樣善於盤算複雜的攻略和防守，而且他們很容易因爲壓力而亂了陣腳。有些孩子會用危機四伏的開局陷阱來武裝自己、默背許多變化棋步，好搶先占得上風，所以通常我在開局過後會先損失一、二個兵，但接下來我的對手便毫無招架之力。對我而言，西洋棋比賽的重點不在於追求完美。西洋棋比賽是心理上的角逐；兩個競爭對手的優勢不時輪替，氣勢一下在我方，一下又換到對方。公園的那群棋友英勇好戰，這點絕對無庸置疑——事實上當他們背水一戰時，是最具危險性的。很多有天分的孩子都以為自己能輕而易舉地贏得棋賽，所以一旦比賽陷入僵局，他們在情緒方面往往毫無準備。

而我在逆境中反而表現得更好。我下棋的風格是讓棋局變得複雜，接著再逐步穿破混亂的局面。當棋局的布局變得難以掌控，我卻胸有成竹。布魯斯和我花了很多時間研究殘局——這時棋盤上幾乎已經一掃而空，棋手要運用高階原理和深入的推敲盤算，才能創造出精彩絕倫的交鋒。我的對手想要在開局時三兩下就輕鬆贏得棋賽，我卻引著對方走向複雜的中局布局和抽象的殘局。因此，隨著棋賽持續進展，他們的信心逐漸削弱，而我開始發威。布魯斯注意到我的棋路，便叫我「老虎」。直到今天，他都還是這麼叫。

我參加西洋棋比賽的頭一年頗為順利。當我與同齡的孩子交手時，我覺得自己是打不倒的；而街頭的歷練與正統棋術訓練兩相結合，顯然對我的敵手有極大的殺傷力。或許最具決定性的要素是，我的棋路風格與我童年的個性如出一轍。我不容易受到情緒起伏的影響——後來我發現，這樣的心理狀態是學習過程的基本要素。布魯斯和公園棋友讓我學會透過西洋棋表達自我，使我對西洋棋的熱愛與日俱增。

一個月又一個月過去，我累積了一場又一場的勝績，我的全國排名急速竄升。當我出現在賽場時，其他小棋手對我望而生畏，讓我感到不解，畢竟，我不過是個還會怕黑、而且喜歡史酷比狗的小男孩罷了。不只一次，我的對手在棋賽還沒開始，與我對坐在棋盤前，就緊張得哭起來。我替他們感到難過，但另一方面也使我更加篤定。沒多久，我成爲全國同齡組中排名第一的棋手，下一步是北卡羅萊納州的全國冠軍錦標賽。公園棋友興奮得奔相走告，搬出更多的壓箱絕活，爲我做賽前準備。大家都覺得我一定可以輕而易舉拿下初級組（幼稚園至小學三年級）冠軍。我自己也是很有把握。

學習的王道

父母和師長在孩子面前扮演的是「引導者」而不是「權威人士」，不要用技術性的教材或照本宣科的教育方式，扼殺孩子對學習的好奇和熱情。

2 有失才有得

對出色的競賽者來說，自信絕對重要，但過度自信卻讓人不堪一擊。

一九八五年五月五日，北卡羅萊納州夏洛特市
全美西洋棋冠軍錦標賽小學組

最後一回合。一號棋盤。獲勝的人將贏得全美冠軍頭銜。我和對手被安排在一張單獨陳設的棋桌，前方有個無人攝影機，將我們的每一步棋轉播給群集在飯店大廳的媒體、教練和緊張不安的家長們看。在氣氛緊張的比賽會場，五百多名頂尖棋手並坐一排排的棋盤前，一分高下。第一桌可以說是榮耀也可以說是囚牢，端看你怎麼想。每個人都夢想能坐上第一桌，但當你坐上去，卻發現自己孤零零的，像是被綁在柱子上，額頭畫了紅圈標的，任人宰割。

在這場錦標賽裡，我是眾人意欲擊敗的目標。我知道有些隊伍是衝著我來的，特別花好幾個月研究變化多端的開局陷阱，想要讓我落敗出局。但一路下來，我已經打敗六名對手，只有一場戰成平手。當我與同齡的孩子交手時，我覺得自己是打不倒的。他們撼動不了我。

但我完全不知道，我的對手竟然是個有備而來的天才。他叫大衛·阿奈特(David Arnett)，三歲時已經熟記整張紐約市地鐵地圖，五歲時已經有高中數學程度，六歲時成績優異，名列全美前茅，也是著名的達頓學校最強的棋手。他受教於喬伐諾維奇(Svetozar Jovanovic)——是一手栽培出許多西洋棋分齡賽冠軍選手的傳奇人物。喬伐諾維奇給予大衛的古典西洋棋訓練和比賽選手的養成過程，和我從布魯斯得到的指導不相上下。這場比賽過後，大衛和我成爲好友。但在比賽當時，我只看到一個門牙突出的金髮小男孩，臉上滿是驚恐。

在棋局開始的第三步，大衛做了個奇怪的決定，讓我的騎士吃了他的兵。我其實應該要花點時間細看有沒有陷阱，不過我下手太快。隨後情勢一面倒，他的后已經到了危險的攻擊位置，而我的騎士因過度深入敵境而無處藏身。吃下那隻兵眞是愚蠢的錯誤。眼看著這聰明的小子就要向我的王進攻，我只能苟延殘喘地抵抗。

隨著棋局走勢兵敗如山倒，八歲的我汗如雨下，雞皮疙瘩浮起，心跳加速。附近棋桌邊的敵手虎視眈眈的窺視，競賽廳令人不安的肅靜，許許多多夢想隨之破滅。我不是超人。我是個會因爲做噩夢而跑去爸媽房間擠在他們中間睡的孩子，現在竟然身爲舉世矚目、承受莫大壓力的比賽選手，而眼看著大勢已去。

我可以自我毀滅，或是壯士斷腕，忍痛喪失幾枚棋子，重整存餘的兵將，再試圖反擊。過去我在公園經歷了不知多少次這樣的棋賽，但是和一個兒童棋士如此激烈過招，卻是前所未有的經驗。我被所有人視爲最有希望問鼎冠軍，在龐大的壓力下，我試圖相信自己確實無人能敵。對出色的競賽者來說，自信絕對重要，但過度自信卻讓人不堪一擊。在那樣的時刻裡，我們其實很清楚自己有幾斤幾兩。虛張聲勢背後的弱點就像隱匿在深處的癌症一樣，一旦事態發展失去控制，就沒有多少實際的承受力可以支撐。

當比賽結束時，我驚訝得說不出話來。只差那麼一點就可以贏得第一個全國冠軍，卻大意失荆州。我很差勁嗎？我是不是讓父母很難過？我是不是讓公園裡那票棋友、教練布魯斯和學校的同學大失所望？我怎麼可以輸呢？爬得越高，跌得也越重。我是不是沒有自己想得那麼好？我是不是沒有其他人想得那麼好？我努力了這麼久，如果沒能獲勝還有什麼意義？八歲大的孩子根本不懂得要怎麼消化這些沉重的問題；而我很幸運，我的家人即使在最難熬的時刻，仍能保持或至少設法恢復樂觀的態度。於是，我們出海釣魚去。

打從還在娘胎，海洋就在我生命中扮演重要的角色。這樣講一點都不誇張，因爲在母親懷著我的第五個月，我和父母在海上乘著一艘三公尺長的灣流風帆船追逐馬林魚。我最早的記憶中，有些便是來自我們家在蚊蟲肆虐的南貝莫內島上擁有的小屋碼頭邊：釣真鯛，餵鱔鰻，晚上一邊拿餌引誘鯊魚，一邊揮手驅趕蚊蟲。

從小我就知道，每當夏季來臨，不管大家的生活中發生了什麼事、不管遇上了什麼緊急關頭、不管會錯過什麼比賽、不管臨行前我們發現大海之旅有多麼脫離現實或荒謬可笑，我們仍舊會出海。我後來體會到，這些帶著我暫時遠離激烈競爭的短暫假期，一直以來都是、至今也仍是我能有今日成就所不可或缺的支柱。海上的時間是充電重來的時間，是與家人團聚的時間，是與大自然相處的時間，是再次養成樂觀態度的時間。在海上，我拋開訓練和比賽，找到在未來成長路上別有新意的角度。這些旅行與豪華假期一點都沾不上邊——事實上，根本就是停不下來的勞動：在機房揮汗如雨、想辦法讓老舊的發電機重新啓動；烈日下在駕駛艙操作；在狂風暴雨中想辦法穩住船隻；在汪洋大海中掌握方向；時時生活在驚險與刺激中。

船上生活也是很好的上場表演訓練場。生活在海上，無時無刻都要聚精會神，也要學會適時放鬆。船隻不停隨著海水搖擺，在腳下晃蕩，想要順利存活的唯一方式，就是隨波逐流以及準備面對各種可能。在海上，我領悟到只要保持專注，什麼樣的情況都可以掌握得住。另一方面，當船隻離開陸地一百公里卻遇上危險，或是游泳時遇上大鯊魚，若失去了沉著，沒有安全網會在底下接住你。

曾經有很多年，我在登上船隻、離開紐約時，感覺自己好像在扼殺職業棋手生涯——我的對手在這段期間接受各種訓練，參加每個週末的錦標賽，而我卻上船去，乘風破浪；然而當我重返紐約時，總會覺得自己充滿了電，滿懷各種新的想法和決心。海洋一直是療傷的良醫，在我最需要時，爲我重新注入生命力……對一個面對存在危機的八歲孩子而言，那是我最需要的。

爸媽、妹妹和我乘著「退潮號」離開佛羅里達州羅德岱堡，我們的七・三公尺長「黑鰭號」老當益壯，帶著我們一起在公海上經歷許多夏日冒險，直到她在我十二歲時被打得粉碎，葬身海底。在羅德岱堡東南東方九十多公里外的貝莫內島，就像我的另一個家。我到現在仍清楚記得小島慢慢進入視線的景象；經過漫長的海上航行後，最先映入眼簾的那些朦朦朧朧的樹木，就像奇蹟一樣。在那兒，我們有好幾個星期都不談西洋棋，只管捕魚、潛入溫暖清澈的海水裡，隨著墨西哥灣洋流游動，深深呼吸著美好的南方空氣。在那兒，我找回屬於這個年齡的童真、和朋友基爾與基諾在島上遊走、趴在我們家不怎麼穩固的老船塢上，手持著釣魚線在水中搖擺，看魚兒四處竄游。在下雨的夜晚，母親和我帶著愛犬布朗尼到叢林裡尋找巨大的陸蟹。在那兒，我們全家跳脫西洋棋賽的瘋狂漩渦，重新結合爲一家人。挫敗讓我嚴重受創，但爸媽緩緩地重新點燃我內心深處那個小男孩對生活的熱情。

每逢我們遭受痛苦打擊，母親就是我們的錨，穩住一切，直到烏雲散去。當我還小時，她會把柔軟的面頰緊貼著我的臉，使我明白其實我不用一直都那麼強硬。我無需用言語告訴她我的感受——她就是知道。我的母親是我所認識最偉大的人；她是個聰明、極富愛心與同情心的女性；直到今天，她的睿智依然讓我欽佩不已。平靜的力量、無限的支持、極度的無私，她一直鼓勵我依照自己的心意行事，哪怕我會因此遠走他鄉，或是追求看起來古怪不尋常的目標。母親出奇地勇敢（有時連我都嚇了一跳），她潛入深海和碩大的鯊魚對峙，徒手拿線釣起鮮活亂跳的藍色馬林魚、馴服體重有九百公斤的狂野種馬，還要看管父親和我。在瘋狂混亂的日常生活中，母親是恆定的平衡力量——在我們沮喪時提振我們的士氣，在我們好高騖遠時爲我們提供中肯的看法，在我們流淚哭泣時給我們擁抱。母親是我的英雄；沒有她，一切都會四散崩碎。

至於我的父親，和母親很不一樣。他是個忠誠、易感、有點古怪（想像伍迪・艾倫與賴瑞・戴維①的綜合體，再加入更多冒險精神）、爲子女全心付出的父親。他從一開始就是我最好的朋友。我們一起打籃球、玩美式足球和棒球、一同眺望盤旋在魚群上空的海鳥、相偕前往世界各地參加西洋棋賽以及後來的武術比賽。我們共度的時光難以計數。我們父子倆從我

①譯註：Larry David，知名喜劇演員及編劇，熱門電視影集《歡樂單身派對》的編劇。

六歲起就時常連袂出征，像是一支精英隊伍，擁有共同的抱負，甚至就某種程度而言，連情感也互相連結。不論我們多努力去保持平常心，不可避免地，我們的感受仍然常因比賽的成績而起伏。若是打贏大型比賽，我們士氣高昂，感覺什麼都難不倒我們；但當我棋下得不好，一切看起來都是黯淡無望，我們的夢想也變得荒謬可笑。

當我下棋時心裡很清楚，父親就和我一樣，一顆心懸在半空中——但我也知道，不論比賽勝負如何，他都一樣愛我。有些心理學家或許會對父子間這樣的互相依賴不表贊同，但是在追求巔峰的過程，有時候得要挑戰極限。面對大賽、高潮迭起的時刻、最後的衝刺，你要想盡辦法從各種可能的地方汲取能量與靈感，修補的工作就等稍後再說，而我十分確信，不論在高峰或低谷，父親百分之百會在背後爲我加油。

在貝莫內住了一個月以後，老爸有點耐不住，便安排我和島上最強的西洋棋手來一場比賽。父親擔心我脫離西洋棋太久，當然他也很想看我下棋。我對這場棋賽興致缺缺，寧可帶著釣竿去釣魚，或潛進水中捕龍蝦。西洋棋對我而言仍然是個沉重的包袱，但想想「貝莫內島冠軍」這頭銜似乎無傷大雅又挺有趣的，於是我們找到那個人，在一間酒吧裡開戰。我的對手嘴裡鑲著金牙，身上掛著過去走私毒品的紀念品——一條從脖子垂到棋盤上的粗金鍊。我花了幾分鐘才進入情況，不過越下越順手，過去對西洋棋的熱愛再度在血液裡跳動。我重拾那種幾乎像是命運的感覺，彷彿西洋棋就是我生命的一部分，不可磨滅。在那個夏天，有個信念在當年八歲的我心裡生根——我絕不輕易投降認輸。

到了秋天回到紐約的家時，布魯斯忙著寫作新書，沒空指導我。他屢次取消我們的課，讓我感覺像是被甩了耳光。年幼的我做出簡單的推論：因爲輸了比賽，所以教練不喜歡我了。當我們好不容易找到時間上課，他卻心不在焉，課程內容非常技術面又不容易懂。或許當時他很忙，但我是個需要關照的孩子。

同一年秋天，我從「小紅學舍」轉學到曼哈頓上東城的貴族小學達頓學校。這個轉換並不容易——以前只要走幾條街就可以到學校，現在卻得花好長一段時間搭公車。我很想念小紅學舍的朋友，同時感覺自己和達頓的富家子弟格格不入。我還記得幾個同學頭一次到住在上城的新朋友家去玩，彷彿走進了宮殿一般。他們家有門房、有女傭，挑高的樓中樓天花板上懸掛著金碧輝煌的水晶吊燈。這一切讓我感到迷惑，懷疑自己家是否不如人。直到今天，我仍然很慚愧，當年竟然因爲覺得家裡那台老舊綠色普利茅斯車很丟臉，而要求父親來接我放學時停在街角，免得被同學看見。

那時的我實在是一團糟。我的西洋棋生活飽受挫折，指導老師不喜歡我了，我想念朋友，而且我家既沒有門房服侍，也沒有名車代步。更慘的是，我暗戀的女同學常拿鞋子打我的頭，而我遲遲沒發現（直到很多年後她告訴我）那其實是她也喜歡我的表示。當時的我終究只是個面臨過渡期的孩子，我需要有人幫我一把。初秋後的幾星期，布魯斯注意到囫圇吞棗式的演練和機械式的棋譜分析，並不是我所需要的訓練，於是他放慢腳步，重新培養我們對弈的互動。我們的課程包括幾堂喧嚷的快棋，中間休息時就到戶外去玩玩美式足球。我們重拾歡笑，重新以人的角度相連互動，就像我們幾年前剛開始上課那樣。

我回到公園和老朋友下棋。我不再擔心比賽的事，找回下棋的樂趣。接下來，布魯斯和我重新展開訓練。我們全心鑽研西洋棋的精髓，分析錯綜複雜的中局與殘局，研究經典棋譜，發展我對技術面的理解。我們嘗試盲棋練習，這是頗有難度的想像——不移動任何棋子，純憑想像去做多種漫長的變化練習。

此後，西洋棋對我的意義大不相同。輸棋過後那幾個月，我對過往的一切喪失信心，最後決定振作起來重新面對；我對西洋棋的投入不僅是爲了好玩與榮耀，更決心付出愛、努力與熱情，以及迫使自己克服難關。這聽起來或許有點荒謬，但我相信就是那一年，在我八歲到九歲那一年，是我人生中決定性的時期。我用努力來彌補失望心碎的感受。強烈的決心就是自我激勵的動力。我剛開始下棋時，眾人對我寄予厚望。我只知道勝利，因爲我下得比其他小孩好，而且和大人下棋沒有壓力。現在我明白自己並非所向無敵。今天我敗在一個孩子手下，未來還會有其他對手威脅我。

我仍是全國同齡棋手間級數最高的棋手，參加錦標賽時，總要面對沉重的壓力。贏得比賽似乎理所當然，但如果我輸了，感覺有如天要塌下來一般。我的對手中有個男孩讓我格外提心吊膽，他名叫傑夫・沙維（Jeff Sarwer）。傑夫的樣子看起來很嚇人——他個子很小，常理個大光頭而且光著腳丫子。傑夫沒去學校上學，父親規定他每天練棋十二小時。傑夫比賽時嘴裡常喃喃念著：「**殺、殺、殺！**」這個孩子充滿了攻擊性，相當聰明，在棋盤前的爆發力十足。過完暑假後我回到紐約，有一次到曼哈頓西洋棋俱樂部去接受布魯斯的訓練，傑夫正好在那裡和一個俱樂部常客下棋。傑夫對我下了戰帖，我接受他的挑戰。經過一個暑假，我的棋技生疏不少，對於贏棋也沒抱太大指望——果然，他痛宰了我一場。兩個月後，我再次來到曼哈頓西洋棋俱樂部，在大群棋友的圍觀下，對他回以顏色。聽說他躲在角落哭了好幾個鐘頭。兩個孩子之間敵意如此強烈，想來眞是可怕。

許多個午後時光，我獨自在房裡鑽研棋技。有時父親會試著引開我的注意力，讓我去玩美式足球或棒球，但我就是不爲所動。父母擔心我對西洋棋太過認眞，父親每隔一陣子就會提，如果我不想繼續下棋也沒關係，但他們不懂，我的選項裡沒有「放棄」。

隨著全國大賽接近，我所接受的訓練益發密集。我在公園裡磨練，吸收街頭棋友熱心提供的精湛妙招，同時我也和布魯斯做更多的嚴格練習。我知道傑夫必定把睡覺以外的每一分鐘，都花在和特級大師的練習上，好把棋技磨得更加犀利。他像是戰鬥機器，在一局局快棋比賽中打敗強勁的成人對手，再用輕蔑的態度羞辱他們。有一天，傑夫出現在公園，恰巧那天我沒去下棋，眾多老棋友對他說，我的棋下得比他好。他大笑說：「喬希是隻弱雞。」公園棋友紛紛奚落傑夫，直到他離開我的地盤爲止。紐約的西洋棋界分爲兩大陣營：支持傑夫派和支持我的這一派。這已經不單是孩子間的比賽。

爸媽、妹妹和我同布魯斯前往參加再次在北卡羅萊納州夏洛特市舉行的全國大賽。這是布魯斯陪我參加的第一個大賽。我不怪他，因爲競爭不是他的天性，而且他對於小孩在如此沉重壓力下捉對廝殺頗爲反感。我還有三個在小紅學舍的好朋友也和他們的父母同來參賽。他們算不上是眞正的棋手——對他們來說，來度假的性質大過比賽。我的比賽都排在第一桌，仍被排除在其他兒童棋手之外。爸媽在飯店大廳等候，和其他同樣忐忑不安的家長一起觀看轉播。我在第一回合便遇上硬仗，但隨後一路過關斬將，連續獲得六場勝績。

到了最後一輪，全場只有傑夫・沙維和我保持全勝。由於我自開賽以來，交手的對象都是程度較強的棋手，因此倘若傑夫和我打成平手，我會因積分較高而獲得最後勝利——但我們兩人都沒把平手列入考慮。

傑夫是唯一令我心存畏懼的對手。聽說傑夫和他父親與妹妹從賽程開始以來，一直在他們的車上過夜。到了比賽空檔，傑夫常雙手抱膝坐在地上，對任何試圖和他交談的人咆哮。他看不起其他兒童棋手，叫他們是「死白癡」，一邊嘻笑，一邊不懷好意地湊近。若要醜化他，把他形容成壞孩子很容易，事實上，傑夫的成長過程並不順遂。他的父親是個粗暴的獨裁者，喜歡以救世者自居，他把瘋狂的精力與想法全都投注在訓練出完美的「西洋棋機器」上。雖然傑夫和我並沒有深厚的私交，但我很敬重他，因為他熱愛西洋棋，而且他對西洋棋所投注的心力，遠超過我所認識的任何人。這場決賽將會是一場大戰。

比賽當天，傑夫持白棋，在這場勢均力敵的比賽中，這小小的優勢也變得格外重要（西洋棋規則中，白方先走）。我事先準備了拿白棋的開局，這下子拿黑方就沒那麼有把握了。傑夫一開始就發動強烈攻擊，挾著中心的兵猛烈地往前衝，對付我的古印度防禦。我從沒看過這樣的棋路變化。他的棋步迅速，每一步都充滿了令人心驚的自信，而我卻是從一開始就走得戰戰兢兢。他的中心兵結構來勢洶洶，幾乎要吞噬我，還未進入狀況，就已逼得我節節敗退。他趾高氣揚地迎戰，而且好像在嘲笑我，暗示我沒資格與他同桌較勁。

從一開局，我的勝算看起來就不大。進入中局沒多久，我少了一個兵，接下來我盡量讓我的狀況單純，讓對方的優勢減少。就常理而言，這是步險棋——當我們手邊的棋子比對方少時，若雙方繼續同步減少手中的籌碼，只會讓對方擁有更大的優勢。當對方的棋子已經漸漸減少，我贏棋的機會就越來越大。我像是尋求避風港般，將棋局引向自己深愛的殘局，當我們把后對調時，傑夫似乎在對我咆哮。他是十足的殺手型棋士，而他的利劍已經抵在我的喉頭了。

三小時後，棋賽進入尾聲，比賽會場人去樓空，只剩下轉播對弈實況的攝影機，飯店大廳則擠了上千人，圍著螢光幕觀看比賽，臆測著我們兩人誰會奪冠，誰會被痛宰一頓。現場的靜默令人喘不過氣來——也或許那是我的處境。我這邊有一個騎士五個兵對他的主教和六個兵。看起來我的勝算不大。我苦尋出路，試圖擺脫去年慘痛落敗的陰影。眼看無計可施，我到廁所去痛哭一場，洗把臉，給自己打氣，重新燃起鬥志，回到座位上應戰。

我好像被困在幽暗的叢林，陷在矮樹叢裡動彈不得，飢餓難耐，血流不止。突然間，我看到一線曙光。棋手常會在找到出路前，先感覺到它的存在：皮膚一下子繃緊，就像動物意識到危險或獵物出現，感官變得敏銳，潛意識發出警示，通知棋手「前方有出路」。我開始盤算，想法逐漸凝聚成形，應戰計畫慢慢清晰浮現。我得讓我的騎士出局，再讓傑夫吃掉我所剩的兵，慢慢設下王對王的局面——這樣的棋步徹底違背一般的直覺。我竟然找到了遠超過我年齡所能想到的棋步，而我不太確定自己是怎麼辦到的。

最後我們戰成平手，按照積分，我贏得全美冠軍的頭銜。我昏昏然走出比賽會場，頓時被一群雀躍歡呼的學童與家長包圍。他們都被這場高潮迭起的比賽所吸引。有位國際大師級的教練問我，爲何在中局決定走某一步棋，但我卻聽不懂他在講什麼。在那一刻，西洋棋已經離我好遠。我很享受這種回到日常生活的感覺。我看到傑夫悄悄繞過眾人走向他父親身邊，他父親並不理會，只冷冷地瞪他一眼。看了眞令人難過。

學習的王道

學習的過程難免遇到挫折，每個人都應該找到讓自己療傷充電的方式，重新養成樂觀的態度，以別有新意的角度面對未來。

3 兩種學習心態

寄居蟹脱離舊殼、尋覓新殼的過程，就是學習和成長的起點。

看到這裡，讀者或許能感覺到，西洋棋分齡賽的廝殺十分激烈。每年有成千上萬的學童投入這項活動，人人志在必得。榮耀是最強大的誘因，但到頭來，多少孩子的美夢破滅、承受心碎的打擊。大多數人未能達到自己期望的目標，因爲只有極少數人能夠躋身頂尖之林。不只是西洋棋，幾乎所有競爭性的領域都是如此。小聯盟運動員夢想著進大聯盟；在校園籃球場上，練習射籃的孩子以麥可·喬丹爲目標；演藝圈和音樂界也是一樣，有心者躍躍欲試，但眞正勝出的卻是微乎其微。

接下來，兩個問題値得探討：首先，有些人能通過層層關卡，擠進頂尖窄門，他們與眾不同之處在哪裡？其次，若只有極少數人會成功，那努力還有什麼意義？如果理想抱負換來的終究是失望，那何必追求卓越？在我看來，這兩個問題的答案，都可以在一個精心設計的學習法中得到解答：這個學習法能激發我們的彈性，且使我們在各種嘗試與努力中找到關聯性，並且能享受每天努力的過程。不論老少，大多數積極的人在學習方法上犯了重大錯誤，他們因為失敗而選擇放棄；但一步步朝成功邁進的人則不為挫折所影響，踏著穩健的腳步往前進。

發展心理學家曾針對學生的學習方式對其學習能力的影響，以及後來是否能熟練運用教材，進行廣泛的研究調查。在該領域具有舉足輕重地位的學者杜維克博士，將智力區分為**實體型**（又稱固定智力）與**增長型**（又稱動態智力）兩種。抱持「固定智力論」的孩子——他們往往受到父母與師長的影響而抱持這種想法——常會說「我對這個活動很在行」之類的話，並且將成功或失敗歸咎於天生不可改變的能力或程度。他們認為，他們在某個領域所展現的能力或技巧程度是固定的**實體**，無法成長進步。另一方面，抱持增長智力論觀念的孩子的學習方法和態度卻不一樣——我們不妨稱他們為**學習論者**——他們往往會用「我做得到是因為我下了工夫」，或是「我應該要更努力」，來說明自己的成功或失敗。抱持增長智力論的孩子多認為只要下苦工，再困難的問題也能迎刃而解。按部就班，循序漸進，**點滴累積**，生手有朝一日也能成為好手。

杜維克博士的研究顯示，面對困難事物的挑戰，增長智力論的孩子更能奮起努力，以達到挑戰所要求的程度，反觀持固定智力論的孩子則較脆弱，甚或輕言放棄。將「成功」與「努力」相連結的孩子，面對挑戰時往往會有「精熟導向反應」（mastery-oriented response），而那些把自己單純畫分爲「聰明」或「笨」，或者對一件事「有天分」、「沒天分」的孩子，則有「習得無助感導向反應」（learned helplessness orientation response）。

在一項充分支持上述理論的研究中，研究人員先和一群孩子做訪談，再將孩子分派到固定論組或增長論組。研究人員讓所有孩子都做一系列簡單數學題，每個孩子都答對了。接著，研究人員給所有孩子做難度超乎他們程度的題目。研究人員清楚觀察到，增長論的孩子對眼前的挑戰摩拳擦掌，躍躍欲試，而固定論的孩子卻愁眉苦臉。有的孩子的反應是：「天哇，這下我可要拚命試試看。」有的孩子則捶胸頓足道：「我不夠聰明，一定解不出來。」結果沒有人正確解出答案，但面對挑戰的經驗對每個人的效應卻大大不同。最有趣的是實驗的第三部分：研究人員再次讓所有參與實驗的孩子做簡單的數學題。幾乎所有抱持學習論觀念的小朋友都輕而易舉地做完這些簡單的題目，但是持固定論觀念的小朋友因爲解不了前一關的難題而灰心喪氣，以至於很多人連簡單的題目都應付不來。他們的自信已經被擊潰了。

最令人吃驚的是，個人的表現與智力一點關係都沒有。抱持固定論的聰明孩子碰上挑戰往往不堪一擊，表現不如沒那麼聰穎的學習論孩子。事實證明，有些最聰明伶俐的孩子，往往最容易變得脆弱無助，因爲他們認爲必須要表現優秀以維持完美形象；事實上，這完美假象很容易、也一定會破滅。在我親身觀察過無數天分優異的少年西洋棋手後，可以證實上述論點的正確——有些最有天分的棋手，面對壓力的反應最差，也最不容易從挫敗中爬起來。

這些關於「聰明才智」的說法，是如何灌輸到我們心中的？一般來說，光是親子教育或教師指導方式的微妙差異，就足以產生重大影響。以固定論型的孩子來說，當他們成功時，家長或老師會說他們做得很好；而當他們失敗時，家長或老師則會說，他們對那件事完全不行。如果強尼數學考了滿分，爸爸讚美說：「果然是我兒子！天生就是這麼聰明！」過了一個星期，強尼英文小考不及格，爸爸的反應是：「你是怎麼回事？不識字嗎？」或者「你媽從以前就不愛看書——看來你也不是讀書的料。」聽爸爸這麼說，強尼便認定自己數學好，英文很爛，而且他把「成功」與「失敗」和「天生的能力」畫上等號。反觀學習論型的孩子，從家長或師長所獲得的回應是較爲「過程導向」的。例如，茱莉有篇英文作文寫得很好，老師誇讚她說：「這篇作文寫得眞不錯！繼續努力！有問題儘管來問我。」聽了老師這麼說，茱莉學到，原來努力與成功密切相關，她並且相信，只要認眞努力，她可以在各個領域都有好的表現。此外，她也認爲自己就像是走在學習的旅途上，老師是幫助她成長的友善助力。強尼則認爲自己數學好但英文不行，而且將學習重心放在立即可見的成果，而不是長期努力的過程——但要是下一次數學考題很難，他考不好怎麼辦？他會不會因爲這個人生終究會遇到的挑戰而學到教訓？很遺憾的是，他大概不會。

顯然，家長和老師對於子女與學生形成的「聰明才智觀」要負很大的責任——而我們若是有心要爲孩子建立某種價值觀，永遠不嫌遲。重要的是，父母與師長要體認到，學習的方法永遠都有機會修正、調整。現有研究已經證明，只要幾分鐘的時間，孩子就能接受觀念的灌輸，對某個特定情境抱持健康的學習心態。在一項研究中，研究人員給予孩童不同的指示。他們告訴一部分孩童，如果能正確解答某些問題，對他們日後的學業課題有幫助；研究人員又告訴另一群孩童，要看他們答對幾題來評斷他們的表現。換言之，參與研究的孩童中，有一部分獲得「熟練導向」的指示，另一半的孩童則獲得「產生無助感」的指示。想當然爾，被畫分在「熟練導向組」的孩童，在研究測驗中的表現較好。

上述這些不同的學習心態，對我們的日常生活有什麼影響？根本上有很大影響。追求卓越的關鍵在於根本且長期的學習過程，而不是待在平庸、安逸的表殼下。通常，我們要先捨棄過去的舒適或安全，才能有所成長。寄居蟹就是最好的例子（雖然牠並沒有人類所背負的心理包袱）。寄居蟹的身體長大後，就必須尋覓更大的殼來容身，於是動作緩慢的生物慢慢爬行尋找合適的新家，如果無法很快找到合適的新殼，脆弱的身體立刻面臨殘酷的現實世界。向來習於受到硬殼保護的柔軟生物必須脫離盔甲，面對全世界，將自身的柔軟脆弱暴露於掠奪者眼前。寄居蟹脫離舊殼，尋覓新殼的過程，就是學習和成長的起點。堅持天賦論的人，就像患了厭食症的寄居蟹，寧願挨餓瘦身也不肯換新殼。

在我的觀察和經驗中，成功的人有遠大的目標，全心全意去面對每一場挑戰，最終體會到，在努力過程中得到的心得，遠比獎杯與榮耀更有意義。到頭來你會發現，痛苦的失敗比勝利更有價值——具有健康的心態，能夠從每一次「正面」或「負面」的經驗中汲取成長智慧的人，正是那些能夠堅持下去，獲得成功的人。他們在奮鬥過程中仍能保持愉悅的情緒。當然，眞正的挑戰在於，當你身處一場激烈戰役，即使炮聲隆隆、傷痕累累，仍能堅守這個觀點。

讓我們回到西洋棋分齡賽的世界，探討我童年時期在西洋棋有不錯表現的原因。先前我提過，當其他小棋手專注於開局策略時，布魯斯和我卻把練習焦點放在殘局上。根據上述的固定智力／熟練導向觀點，接下來進一步探討布魯斯和我所採取的學習法。

時間回溯到當我只是個六歲大的頑皮小孩時。布魯斯贏得我的信賴後，他教我下棋是從一張空空如也的棋盤開始。我們刻意減少錯綜複雜的布局，強調清楚明白的原理。我們的第一個練習重點是王和兵與對方的王決勝負——棋盤上就只有這三枚棋子。一段時間過後，我對於王的威力與兵在棋局上運用的巧妙，有了很好的直覺感。我學會了「王對王的殘局理論」，也就是適當運用棋盤上的空格所能帶來的優勢，營造出讓對手進退兩難的局面（zugzwang）。

一層又一層，我的西洋棋知識逐步建立，也**漸漸了解如何讓基本原則成爲激發創意見解的能量**。到了我七、八歲時，我們按部就班地探討城堡殘局、主教殘局、棋士殘局，花了幾百個鐘頭，探討各種我不一定有機會見到的布局，及其背後的原則。這種學習法讓我體認到棋盤上每一枚棋子所隱含的美麗與微妙，因爲在相對簡單明瞭的布局中，我可以專注在基本面；我也逐漸吸收了一個很棒的學習方法論，那就是知識、直覺和創意之間的交互運用。從教育觀點與技術觀點來看，我都是從基本功開始練起。

然而，反觀我的對手，大都由各種開局變化開始。有很多西洋棋理論都是從棋譜開局講起，指導老師也喜歡這麼教，因爲由開局學起，可以一併學會設陷阱埋地雷，誘使對手犯錯，便能輕而易舉獲勝。乍聽之下，讓初學者學習棋局一開始就可能遭遇的布局，是個挺符合邏輯的作法。先學開局有何不可，尤其這樣又可以快速獲勝？答案是「流沙」——一旦你從開局開始學，就永無脫離之日。有人可能會花一輩子的時間去背誦和熟記不斷推陳出新的《西洋棋開局百科全書》。學開局布局是一種癮，一種帶有危險的心理效應的癮。

那就像是學生不認眞學習演練數學題，卻偷拿老師辦公桌抽屜裡的考題應付考試。這樣做可能對於考試作答不成問題，卻沒學到半點眞正的知識——而且最重要的是，你體會不到學習本身的價值或學習過程的美妙。對於一開始就以學習開局爲主的孩子來說，他們下西洋棋要看的就是結果，除此無他。至於棋下得好不好、是不是很專心下棋，或是否勇敢面對難題，這些一點都不重要。這些孩子會講「四步殺」，還會比較彼此「下了幾步才贏棋」？西洋棋變成單調、毫無深度的活動——只求贏棋，而且要贏得迅速。

從背誦開局走位入門的孩子，多半養成固定智力的學習理論。他們與師長、父母和其他孩子的對話都繞著「成績」，對於努力過程毫不在意。他們自認是贏家，因爲截至目前爲止，他們連連獲勝。在學校，他們把重心放在感覺簡單的科目，對於較難的科目則置之不理。當他們在籃球場上投籃不進，或在棒球場上被三振出局時，他們老愛說：「那是因爲我沒認眞打。」

有一次我到亞利桑那州演講，聽眾是兒童棋手和他們的家長，同時還進行「同步表演賽」①。活動主辦人來機場接我，車程中，得意地誇說兒子一年多來沒輸過任何一場棋賽，顯然這是他們全家引以爲傲的紀錄。我可以想見我將遇到的是什麼樣的孩子——典型的因害怕長大而厭食的寄居蟹。後來我見到這孩子，他的資質中等，是全校西洋棋下得最好的學生。他

---

①同步表演賽由一名棋力較強的棋手同時與多位棋手對弈。當我舉行同步棋賽時，通常主辦單位會事先來一場淘汰賽，決定哪些人參加同步賽。接著主辦單位會設立二十至五十張棋盤，我逐一走到每一張棋桌前，對手走出棋步，而我逐一回應。同步棋賽是展現一名棋力高強的棋手對棋藝的了解與想像的能力。

學過一些快速的開局攻勢，對基本西洋棋戰術也有自然的敏銳感受力。他獲得了一場又一場的勝利，贏得眾人的各種讚美。到後來，這男孩只肯跟一群他明知實力不如他的對手下棋（他最喜歡的對手是他父親，因為對他完全不構成威脅），他在學校同學眼中是西洋棋之神，但若是跟全美各地苦心鑽研西洋棋藝的兒童棋手相較，他的程度還差得遠。他就像是在沒有老虎的山中稱王的猴子，而且很滿足於現狀。這男孩在我到訪期間徹底迴避西洋棋；他不肯參加同步棋賽，也是全場唯一抗拒指導的孩子。他的不敗戰績、加上眾人不斷強調他的連勝紀錄，讓他自限於封閉中——他深怕搞砸完美的形象。這孩子被腦海裡不斷循環、強化的固定智力論綁得無法動彈。

很多這樣的孩子都頗有天分，所以年幼時可能表現還不錯——但接下來他們就碰到了障礙。隨著棋局的難度節節升高，對手產生的阻力也越來越強，他們對西洋棋漸漸失去興趣。他們試著逃避挑戰，但到頭來現實還是會找上他們。失敗對他們而言，永遠都是危機而不是成長的轉機——如果他們認為自己是因為獲勝而成為贏家，那麼輸了棋就表示他們淪為輸家。

「開局熱」的長期影響顯而易見，但對於在這種環境下成長的年幼棋手而言，開局熱還會產生立即的嚴重弊端。就像工作難免有高低潮，每場棋賽也會有雙方勢力的變化消長。我早期的對手大都天資聰穎，身懷幾百種陷阱絕招，可以一出手就輕鬆獲勝。跟這些孩子下棋就像穿越地雷區一樣，但我基礎還算扎實，有辦法避開大多數的危險。我經常要花點力氣才能走出開局，但接著就換我掌握局勢。隨著棋局推進，我的對手逐漸遠離他們的安逸區，而我越來越強，也越來越有信心。還沒開戰之前，他們一心想要贏，但我深愛奮戰的掙扎，那也正是西洋棋的精髓。不論就短期或長期來說，這些孩子被指導老師灌輸的觀念，反倒讓他們對西洋棋的認識產生偏頗。

西洋棋界確實存在某些問題。許多指導教練都在學校任職，每年都有機會指導頗具天分的學童。這些孩子就像工廠裡的原料一樣。年復一年，校方希望教練能指導出優秀的比賽成績，因爲這對學校來說十分風光。於是，教練培養出大批抱持著固定智力論觀點、對戰術略有天分的小棋手，能熟練施展各種兇猛的開局攻略。教練才不在乎這些孩子是否會在七年級時被危機打倒，因爲對教練來說，只有幼童組和小學組的比賽才是他們關心的重點，而且永遠還會有更多一年級新生可以栽培訓練。父母如何引導孩子面對這些問題，以及挑選適合孩子的教練，顯然責任重大。

我用西洋棋說明固定智力論的中心觀念，事實上在每個學習領域，這都是很基本的問題。如果有個少年籃球教練說，只准贏球不准失敗才是眞正的贏家，那麼當這孩子第一次遭遇重大失敗時，將會信心全失。如果一位體操選手或芭蕾舞者所受的訓練讓她以爲，自我價值完全決定於她可以隨時準備上場表演的完美、苗條身材，那她要如何面對運動傷害的衝擊，或是到頭來其實十分短暫的職業生涯？如果商業人士養成了事事務求完美的作風，又怎能從錯誤中學得教訓？

當我回顧西洋棋職業生涯，我對輸掉的棋局和從中學到的教訓，印象更為深刻。我記得第一次參加全國大賽時，在決賽輸給了大衛・阿奈特；我記得在贏得美國少年（二十一歲以下組）西洋棋錦標賽冠軍的前一年，與宿敵戰成平手，卻在加賽時慘遭痛宰。在匈牙利塞格德舉行的十八歲以下組世界西洋棋冠軍賽的最後一回合，我在第一桌與俄羅斯棋手爭奪世界冠軍——離畢生夢想只有咫尺之遙——對方提議以平手收局，兩人共享冠軍榮耀。當時我若是和對方握個手，就可以抱走獎杯，但我一口回絕，堅持要追求最後勝利。沒想到，我竟然輸了——多令人扼腕！在我的生命中，這些片刻讓我深感懊悔，但它們也是考驗我的膽識和決策能力的關鍵時刻，其中蘊含著豐富的成長和學習機會。這些挫敗的經驗啓發了成功之道。我在西洋棋這條路上沒有走偏的原因，可以追溯至我在六歲剛接觸西洋棋時，便培養了對學習的熱愛。

學習的王道

具有健康的心態，能夠從每一次「正面」或「負面」的經驗中汲取成長智慧的人，正是那些能夠堅持下去、終獲成功的人。

4 熱愛棋局

得到全國冠軍後，我發現世界仍和幾天前一模一樣。我還是我。

贏得第一個全國冠軍頭銜後，我的西洋棋生涯漸成氣候。對西洋棋的熱愛，是激勵我勤勉學習和更上層樓的動力。從我九歲到十七歲期間，我排名全國同齡組第一，贏得八次個人全國冠軍，帶領校隊贏得七次團體組冠軍，還代表美國參加六次世界冠軍錦標賽。那些年是我突飛猛進的時光，而隨著我益發深入西洋棋的核心，西洋棋也變成自我探索中饒富趣味的窗口。

那些年屢獲勝績的主要關鍵因素之一，就是我下棋的風格直接反映了我的個性。我天性偏好混亂的場面，熱愛雷雨、大雪、颶風、驚濤駭浪，和鯊魚環繞的海域。嚴酷險惡的環境總能帶給我靈感。年少的我把關鍵的棋賽引入錯綜複雜的布局，並且有把握能比對手更有效率地釐清眼前的難題。我常常在看來毫無條理的布局中領會井然有序的思路——下一局刺激的西洋棋，感覺就像發掘其中隱藏的和諧性。我的表現流暢自在，不受心理因素的阻礙，熱切地尋求創意的躍進。

不管在哪個領域——運動、商業談判，甚至總統候選人辯論——主導戰役調性的能力，都是讓競爭者勝出的重要強項之一。我在比賽中碰過很多少年棋手，他們喜歡掌控棋局，他屢屢運用背得滾瓜爛熟的開局戰略應戰。他們非常在乎排行積分，仔細計算接下來的戰績對他們的全國排名有何影響。但他們現實的考量，反而使他們一旦面對我最拿手的混亂局面時，深感不安。由於我受過的正統西洋棋訓練，和我對殘局與詭異的中局的熱愛，我通常可以將局勢導向我擅長的場面。

到了十歲時，我面對的挑戰越來越複雜，因爲我幾乎都只參加成人組比賽，除非是在按年齡分組的全國或世界冠軍賽，才有機會和同齡棋手交手。這是個很大的轉變，因爲經驗老到的棋士經常將棋局走勢引向我不喜歡的封閉、策略性戰役。我一方面培養實力，另一方面也得學習高級西洋棋中較抽象的元素，才有能耐和見過大風大浪的對手一較長短。如同肌肉受壓迫會變得更強壯，優秀的選手也會極力將自己提升到與對手旗鼓相當的程度。和成人下西洋棋讓我變得更強韌、更懂得內省，時時留意自己有什麼疏失可以改進。常與成人交手的另一項好處是，無論何時去參加學生組比賽，我都信心十足——畢竟我的對手不過是個孩子罷了。

轉爲參加公開賽也迫使我面對毅力的考驗。在學生組西洋棋賽中，一場比賽鮮少超過三小時，而在大多數的成人組競賽中，前四十步必須在兩小時內走完（一盤棋至少可下四小時）。接著兩名棋手各有一小時去走接下來的二十步棋。如果雙方都按照規定走了這麼多棋步，棋局可以持續很久，對一個孩子來說簡直就像永恆般漫長。年長的選手知道孩子撐不了太久，所以他們有時候會故意使出拖延戰術。有一回在費城比賽，對手狠狠地讓我苦捱了超過九小時。那一年我十歲，而對手好整以暇地坐在棋桌邊，慢條斯理地花上四十五分鐘，才走出一步根本就是意料中的棋步。那場棋賽的經驗很糟，但也讓我獲得寶貴的一課。除了各種必要的技巧與知識，我還得培養心智馬拉松的耐力。

一旦潛心投入西洋棋，便是持續不斷的挑戰。在我整個西洋棋生涯，父親和我不斷尋找比我略勝一籌的對手，因此即使我在分齡賽是常勝軍，平時輸棋卻是家常便飯。我認爲這一點很重要，幫助我對西洋棋維持健康的心態。雖然我肩負沉重壓力，但對西洋棋的熱情給我的激勵，遠遠超過對失敗的恐懼。回想起來，正是頭一次贏得全國冠軍之前的慘敗經驗，使我勇於放手一搏。

這並不是說輸棋不會難過。我當然會難過。在西洋棋局落敗有某種特別痛苦的感受。在一場棋局裡，兩名棋手各自都使出戰術、策略、情感、生理和心靈上的看家本領，與對手一較長短。棋手的腦力經歷了恐怖的考驗；我們竭盡心力，在極度專注好幾個小時後，整個人精疲力竭，全身痠痛。在激烈的西洋棋賽程中，雙方氣勢時有消長，還會發生失之毫釐的失誤、驚險萬分的脫困、創新的新意，和精準的反擊。當你的布局就快陷入險境時，感覺就像性命受到威脅。當你贏棋時，你覺得自己又捱過了一天；但當你輸棋時，會難受得簡直像有人硬生生挖出你的心丟在地上踐踏。這樣的形容一點也不誇張。輸棋是很殘忍的經驗。

如果對增長智力論學習法認識得不夠透徹，很可能建立錯誤觀念。我看過不少不同領域的人士套用「過程至上」哲學的各種版本，轉化成從不讓自己冒險或假裝自己不在乎結果的藉口。他們宣稱不會自我膨脹，只在乎學習。說穿了，那只是避免面對自己、挑戰自己罷了。「過程」與「目標」的相互關係，是非常微妙的問題，所以我先謹慎地定義我認爲該如何探討這個問題。

讀了有關「固定智力論」與「增長智力論」的比較研究後，有些讀者或許會說「小孩子不應該比輸贏」，但我並不同意這種看法。沒經過競爭洗禮的孩子，未來若是有心在哪個領域施展抱負，卻碰上不可避免的障礙，這個孩子很可能會欠缺因應障礙的韌度。對結果太執著固然有反效果，不過，只要循循善誘、循序漸進，「設定短期目標」不失爲有用的發展工具。過度保護、不講求結果可能會讓學習停滯不前。成功之路不好走，否則人人都可以成爲自己領域的翹楚——我們必須要在心理上有所準備，去面對無法避免的挑戰。說得更白話些，要學會游泳，就要先下水才行。

讓我們設身處地，從天才小棋士丹尼的母親角度去思考。七歲大的丹尼熱愛西洋棋，怎麼下都不厭倦。他每天在網路上練半小時的棋、每週接受專家指導一次。丹尼最近開始參加西洋棋分齡賽，而他的母親深受賽事緊張刺激的氣氛所影響，情緒隨著丹尼的勝負而起伏。這位女士相當明智，她不希望讓兒子承受太大壓力。她了解增長智力理論，因此當丹尼輸棋時，她很想告訴丹尼「輸棋沒有關係」。但是對丹尼來說，輸棋讓他很難過。要是丹尼的母親告訴丹尼失敗沒有關係，那簡直就是否定丹尼的能耐。這位母親該怎麼辦才好？

這種例子在每個領域都會發生，不過，有時我們會充當安慰自己的「父母」角色。我們如何使長期過程、短期目標，和不可避免的挫敗三者之間取得平衡？讓我們繼續看下去。丹尼是個聰明的孩子，他打定主意要潛心磨練棋技。他喜歡與其他兒童棋手對弈，也極力要求自己比前一天更深入且更準確地思考。有機會遇上出色的對手，讓我們明白自身的缺點，並促使我們發揮極限，是相當可貴的機會。丹尼參加比賽是好事，但他必須要用健康的心態去面對比賽。

首先，如同前一章提到的，丹尼的母親可以幫助兒子養成「過程優先」的學習方法：每天針對「過程」而不是「結果」，對丹尼的努力有所回應。她可以稱讚丹尼很用心努力，學到寶貴的一課。若丹尼在棋賽中獲勝，母親讚美的焦點應該是他一路下來的努力和付出，而不是得獎有多麼光榮。另一方面，不妨讓孩子（或成人）享受一下勝利的滋味。當孩子爲勝利而雀躍歡呼時，家長不需要無情地抹殺興奮的時刻，還掃興地對孩子強調長期學習過程的重要。當我們經過一番努力後獲得成功，當然可以品嘗成功的甜美滋味。在我看來，很重要的一點是要認清，成功的滋味之美好，正在於其稍縱即逝；就在我們享受的同時，那滋味正逐漸飄散遠去。我們不妨在享受勝利時深吸一口氣，隨後緩緩吐出，細想從中所學到的經驗，接著往下一個考驗和冒險邁進。

當丹尼落敗時，母親的反應更爲重要。眼看兒子啜泣著走出比賽會場，母親深知兒子全心投入這場比賽，卻不幸敗北，這時應該如何處理？首先，母親不該說輸贏不重要，因爲丹尼並不是天眞無知的小小孩，哄他說勝負無關緊要，等於讓他一個人飽嘗失敗的痛苦。如果輸贏不重要，那他何必學棋、何必努力求勝、還把許多個週末花在參加比賽上？輸贏當然有關係，而且丹尼也很清楚這個事實。對母親來說，同理心是個很好的出發點。

我認爲丹尼的母親應該上前擁抱兒子，如果丹尼還在哭，就讓他趴在自己肩上盡情地哭。母親不妨告訴丹尼，難過沒有關係，她了解他的心情，而且她很愛他。失落沮喪是走向傑出優秀所必經的經驗之一。再過一會兒，母親可以輕聲問丹尼，比賽時有哪裡不對勁嗎？若親子之間的對話有足夠的默契，丹尼會知道母親問的是賽局中的心理變化，而不是棋步（幾乎所有錯誤都有技術與心理因素——技術部分應該留待丹尼和指導老師討論)。是因爲不專心嗎?是因爲一不小心犯錯後就接二連三地走錯棋嗎?是因爲太過自信還是定力不夠?是不是被對手不斷用言語干擾而分心?還是體力不繼?經過這樣的反省,丹尼便能明白自己在心理層面犯了什麼失誤,而日後的短期目標,便是針對這個問題做改進——這類的反省思考可以是非常健康的調適機制。與母親交談過後,丹尼便能學到,每一場敗仗都是成長的機會。往後他在心理方面將會益發敏銳,也更能察覺自己的不良習慣。

那些眞心爲孩子設身處地著想、鼓勵孩子透過努力而獲得成長的家長或教練,能夠讓懷抱雄心壯志的孩子不畏艱險地面對挑戰。而身爲成人的我們,需要對自己負責,並且培養健康、開放的心態。我們必須全心投入和付出,不論勝負都能從中獲取心得。如果我們不是拚了命使盡全力,就無法從挑戰中學到東西。有阻力才有成長;在鞭策自己、探索自我極限的過程中,我們得到可貴的學習經驗。

隨著棋藝逐漸成熟,我的西洋棋生涯添加不少未知事物帶來的挑戰。我的成長曲線爬得很快,讓我的生活就像不斷長大、每隔幾天就得另覓新殼的寄居蟹。我必須學習許多原先讓我不自在的隱祕型西洋棋布局;我不時遇到棋技高深、剛從東歐或蘇聯移民來美國的新對手。此外,我遠赴異國比賽,必須快速適應異國文化和不同的西洋棋慣例。

十一歲那年，我代表美國，參加在羅馬尼亞蒂米什瓦拉舉辦的十二歲以下組西洋棋世界冠軍錦標賽。來自各國的冠軍好手齊聚一堂，一較高下。開賽第一天，父親和我找不到比賽場地，到達會場時第一回合已經開始。當我好不容易在來自卡達的冠軍選手對面入座，我的時間已經被扣掉三十分鐘——對我而言相當不利。更糟的是，我竟然認不得棋盤上的棋子，因爲羅馬尼亞主辦單位採用的棋具並非傳統形式。我坐在棋桌前，面對前所未見的棋局——就像童年時代的噩夢重演：鎂光燈不停閃爍，而我卻忘了怎麼下棋。那眞是令人毛骨悚然的一刻。

結果，這危急的情況我應付得還不錯。我做了幾個深呼吸，下了第一步棋。接下來的棋步，雖然是盯著棋盤，卻有幾分像是下盲棋。就算我完全不認得這些棋子，但西洋棋早就融入我的血液中。我快速地走出一步又一步，追趕因遲到而損失的時間，同時也在腦海中推敲盤算，就像平日常做的練習一樣，後來我輕鬆地贏了那場棋賽。當天晚上，我花了很多時間想辦法摸清楚這套陌生的棋具，隨後兩星期的賽事便相當順利。

剛滿十一歲那陣子，我的情緒波動特別大，因爲啓蒙恩師布魯斯離我而去。我十分敬愛布魯斯，他就像我的家人一樣，但我進步神速，他的棋力不足以繼續指導我。布魯斯的段數是最高級（National Master），但他已多年不參加比賽，而我的棋力已經逼近他的程度。我們找到了很棒的繼任教練——智利籍國際西洋棋大師維克多・菲雅斯（Victor Frias），後來他也成爲我們全家的摯友。但離開布魯斯門下的我，就好像失去自己的一部分。

同一年，我父親撰寫的《天才小棋王》一書出版。父親從我當年崛起，到贏得第一個全國冠軍頭銜的歷程，用優美的文字娓娓道來。一九九三年，派拉蒙電影公司開拍以該書爲本的同名電影。在西洋棋界，我原就小有名氣，電影上映後，眞的成了公眾人物，讓我肩上的壓力又沉重了一些。我頂著青少年流行的黑人頭和靦腆的笑容，上遍各大電視節目。《今日》的主持人珍·葆莉問我是否希望自己像巴比·費雪一樣，就在那時，背景音樂響起，意味著我只有五秒鐘可以回答。我知道巴比·費雪很瘋狂，所以我想出自以爲很妙的回答：「不，我一點都不想**再**和巴比·費雪一樣。」再？這小子到底在想什麼？

當時的我過得很愉快，天眞懵懂，幸運地逃過被鎂光燈毀掉人生的命運。我益發專注地潛心鑽研西洋棋。當然，整個過程中，我幾度碰上學習的停滯期，但我並不在意；我吸收內化某些必要資訊，幫助我獲得下一次突飛猛進的成長。因著我對西洋棋的熱愛，我用樂觀進取的態度去撐過這些艱難的時期。我在滿十三歲後沒幾天就成爲西洋棋大師（Chess Master），破了當年巴比·費雪在十三歲五個月成爲西洋棋大師的年齡紀錄。大家說我是未來的世界冠軍，但我沒把這句話放在心上。我只是個深知勝負只在千鈞一髮間的比賽選手。我的敵手不在乎我有什麼頭銜——他們只想把我打倒，而我要謹愼應戰。

一路走來，某些難忘的時刻加深了我年少時的信念——片刻的榮耀與幸福或長遠的成就並沒有太大關係。我永遠忘不了，當我贏得一九九〇年西洋棋學齡組全國冠軍，走出比賽會場的那一刻。那次比賽有超過一千五百名小棋手參加，個個都是全國各地的強者。雖然我贏得冠軍，但感覺一切如常。我環顧大廳，沒有極樂狂喜，天堂之門也沒有開啓，世界就和幾天前一模一樣。我仍舊是喬希，有很棒的雙親和可愛的玩伴妹妹卡提雅。我喜歡西洋棋、運動、女生和釣魚。等我星期一回到學校時，同學們會說：「贏得眞漂亮！」就像我投籃成功一樣。很快地，眾人會將這件事拋諸腦後，一夥人跑去玩美式足球。

學習的王道

成功的滋味之美好，正在於其稍縱即逝；我們不妨在享受勝利時深吸一口氣，隨後緩緩吐出，細想從中所學到的經驗，接著往下一個考驗和冒險邁進。

5 讓自己更柔軟

心靈的韌性，是頂尖表演者最重要的特質。

一九九三年十一月，印度古里
世界少年西洋棋冠軍賽

十六歲的我，坐在印度古里的棋桌前。燠熱的氣溫讓人汗如雨下，而我極力保持專心。艷陽高照，滯悶無風，世界級的思考家齊聚一堂。我代表美國，來參加二十一歲以下組西洋棋世界冠軍賽。每個國家都派出冠軍選手參與這場爲期兩週，極度考驗專注力、耐力、思慮與策略的馬拉松賽——這是一場不折不扣的心理戰。父親和我在一週前飛抵孟買，再南下到比賽會場，和我的女友會合，她是斯洛維尼亞女子組代表選手。我的女友聰明美麗，氣質出眾，熱情洋溢卻也情緒多變。她是我的初戀情人。飽受折磨的愛情遇上戰役，更加複雜難解。對於企圖爭取世界冠軍頭銜的棋手來說，這種處境實在不盡理想，但話說回來，頂尖棋手的生活本來就不尋常。激烈的廝殺往往與緊密的友誼相揉合。在棋桌上，棋手試著扳倒對方、威脅他們的生命，但在賽場外，他們一同回味剛才經歷過的戰役，舔舐傷口，記取教訓，將敵對拋諸腦後。

從某個角度來說，對手就是敵人，從另一方面來看，沒有人比你的對手更透徹地了解你、沒有人比你的對手更深入地去挑戰你，也沒有人比你的對手更持續不懈地逼迫你追求卓越和成長。兩個人對坐在棋桌前，彼此相隔咫尺之遙，你聽得到對方的呼吸，感受得到對方任何一絲恐懼或興奮的情緒。在對弈的幾小時裡，你探索對手的心境，而對手也如影隨形地追隨你的思路，時時找機會要擊垮你。全世界有這麼多聰明人全心投入這項神祕又殘忍的心智運動，而其中的佼佼者時常遠渡重洋到異地與對手一決高下。

此時的我置身遙遠又陌生的國度，在炙熱的高溫中汗流浹背，試著在我面前的棋子上找到我熱愛的技藝。成千上萬名觀眾從賽場四周的欄杆俯身觀看比賽，交頭接耳，熱切關注地盯著棋盤——我不知該如何形容，但西洋棋和印度卻像古老的情人般，聲氣相通。我的心緒四處飄移，還未融入賽事的節奏。就算是大師級的棋手，有時下棋如行雲流水般順暢，但也有些時候卻是怎麼下都不順，像是闖入一片陌生叢林，一切得從頭摸索。而現在的我，試著找回熟悉的棋感。

坐在對面的是印度全國冠軍選手，此刻兩人之間的鏖戰進入關鍵局勢。我們對弈了三個小時，而我在對方出手後，已經思考了二十分鐘。就在這時，發生了頗爲奇妙的事。這場棋賽開始以來，我一直下得不順，苦無靈感，棋子似乎不聽使喚，棋局離我十分遙遠。大約思索了十分鐘後，我被多種不同的思緒所吸引。那是種很怪異的感覺。起先，你看著棋盤，盤算每種不同的狀況。隨著思緒深入、穿透複雜的布局，思緒也加快了速度，直到棋手不再感覺自己遠離棋局，而是進入能量十足、順暢流動的西洋棋世界。這時思緒流動的速度迅急如電流，錯綜複雜的問題也在直覺般清晰的思慮中迎刃而解。棋手一層層深入西洋棋的精髓，時間不存在，「我」消失，只剩下愉悅的交戰，純粹的當下，絕對的流暢。我已經進入忘我的境界，沒想到就在此時，天搖地動。

所有東西都開始搖晃，燈隨即熄滅。欄杆斷裂發出巨響，所有人紛紛逃離建築物，但我仍坐在原位不動。雖然我知道發生地震，不過我是從西洋棋的布局中體驗到地震。超現實的我與無我兩相融合，純淨的思想加上思想者的自覺——我不再是看著棋局的我，卻從純粹投入的寧靜中意識到自己，也意識到環境的晃動——就在那時，我想出解開棋局的棋步。我不知該如何解釋，但地震與昏暗欲滅的燈光觸發了我。思緒越來越明晰，我重新回到現實，隨即跟著眾人撤離晃動的賽場。後來重回棋桌繼續比賽時，我很快出手，接著一步步贏了那場比賽。

這激越的一刻，促使我開始探究上場表演時心理狀態的細微差異。在印度的比賽，我利用地震達到意識的更高境界，更找到了一個原先可能設想不到的破解棋局的方法。隨著本書漸次延伸開展，我會逐步說明我如何觸發這種創意的流動；藉由系統化的自我訓練，競賽者可以學會如何任意進入這種狀態。然而，當時年少的我必須克服的頭一個障礙，就是不要被偶發事件——例如日常生活中的小地震——分散注意力。在表現訓練上，我們首先要學習如何順應突如其來的各種意外；接著我們要學習如何化意外爲優勢；最後，我們要學習如何完全自給自足，創造自己的小地震，讓思考過程不斷湧現具有爆發力的靈感，進而無需依賴外界的刺激。

要達成這個終極目標，首先要到達運動心理學家所說的**柔軟區**（The Soft Zone）。不妨把**柔軟區**想像爲你的「表現狀態」①。

①第十七章將說明我如何培養出任意進入柔軟區的方法。

你全神貫注於手邊進行的工作——不管是一首樂曲、一篇法律文件、一份財務報表、開車，還是其他任何事情。就在這時，突然發生了什麼事。或許是家人走進屋裡；或許是小孩睡醒了，開始高聲哭鬧；或許是上司指派緊急任務，也或者是有輛卡車在你面前爆胎。你的第一個反應，將視你的專注狀態而定——如果你整個人高度緊繃，手指塞住耳朵，全身神經緊張，想要抵抗讓你分心的事物，那麼你就處於表現心理學所謂的**僵硬區**（Hard Zone）。在僵硬區裡，你認爲一切事物都要和你配合，才能順利運作。然而，此時的你就像枯枝一樣，脆弱不堪一折，只要承受壓力，便會讓繃緊的神經猛然斷裂。事實上，你可以讓自己平靜而極度專注，表情看來放鬆祥和，但內在心靈活動卻十分活躍。你順著迎面而來的各種變化調整，將生活中的點滴波紋都納入你的想像和創作。**柔軟區**韌性極強，就像柔軟而富有彈性的草葉一樣，在颶風中折彎了腰，卻屹立不倒。

另一個想像柔軟區的重要性的方法，是透過一則多年來對我頗有啓發的古老印度寓言：有個人想要穿越一片布滿了荊棘的土地，他有兩種方法可以穿越——一是設法克服大自然的險惡障礙，替自己開路；另一個方法是編一雙涼鞋。編涼鞋是訴諸內心的解決方式，就像柔軟區一樣，不靠外界的屈服或壓倒性的力量去獲得成功，而是靠著智識上的充分準備與刻意培養的彈性。

關於因應外界的干擾，要從當年那個十歲男孩的怪癖說起。前一章提過，隨著棋技精進，我轉而參加成人組，比賽時間拉得更長，有時甚至長達六至八小時。對孩童而言，要專注這麼長的時間並不容易，而且在沉重壓力下情緒如此緊繃，容易出現一些怪異的狀況。有一天，我在曼哈頓西洋棋俱樂部錦標賽中，試圖破解複雜的棋局，偏偏就在此時，稍早聽到的一首邦．喬飛歌曲旋律在我腦中響起。我試著把歌曲旋律摒除在外，專心盤算我的棋步，但那首曲子就是緊纏著我不放。這種情況起先還挺好玩的，但接下來音樂開始與棋局相衝突。我完全無法思考，頻頻出錯，最終落敗。

這種情況很快就變成我的西洋棋生涯中的大問題。如果我在家裡或前往比賽會場途中，聽到一首特別吸引我的樂曲，那旋律有時甚至會縈繞在我腦海中好幾天。這聽起來像是小事一件，卻把我害慘了——例如有一天，年幼的我與一位老謀深算的西洋棋大師交手，偏偏電影《魔鬼剋星》的主題曲在我腦海中不斷盤旋。我越是極力排除干擾，腦中的音樂就響得越大聲。年幼的我感到孤單無援。直到這幾年，我以表現心理學爲主題到各地演講，才發現許多承受高度壓力的表演者都遇過類似的情況。

又過了一段時間，在我越來越在意腦海中的煩人音樂時，我也開始被過去不曾留意的噪音干擾。在寂靜的比賽會場，不論是遠處呼嘯而過的救護車警笛，還是現場觀眾的悄聲細語，在我耳中都成爲轟然巨響。計時鐘的滴答聲就像怦怦作響的心跳聲，宛如精神上的雷擊。噪音問題接二連三出現，有時很嚴重，有時讓我好氣又好笑，直到有一天，我才意外找到破解之道。當時我在費城參加比賽，菲爾·柯林斯的樂曲卻在我腦海中揮之不去，我突然意識到，其實我可以隨著音樂的節奏思考。我的棋步開始跟隨音樂的節奏走，靈感跟著泉湧而出。我了解到，面對競爭最激烈的頂級選手比賽，既然不能指望整個世界在賽局中寂靜無聲，唯一的辦法就是訓練自己學會與噪音和平共存。

爸媽和妹妹是我訓練自己適應各種噪音過程中的受害者。每星期總有幾次，我會趁著在寢室練棋時，故意把音樂開得震天響。有時我選的是自己喜歡的音樂，有時則是不喜歡的音樂。有好幾個月，我常用噶陀喇嘛吟誦的梵音作爲練棋的背景音樂，讓妹妹頗爲困擾。我們家小小的公寓被我怪異的訓練構想攻占，不可思議的是，家人竟然能容忍我這麼做。我的最終目標是能與各式各樣的噪音和平共存。十三、四歲那兩年，我常跑去住家附近的西洋棋用品店，在我討厭的二手菸充斥的環境找人下快棋。當然，我仍舊會去交談聲從不間斷、棋友們邊下棋邊互相調侃的華盛頓廣場公園。在這樣的環境下，噪音或二手菸都是我隔絕不了的干擾，而我唯一的辦法，就是將外在環境與創造思考過程整合爲一。因此，如果我聽到邦·喬飛的音樂，我下棋的手法可能會比背景是古典音樂時來得更具侵略性。我隨著噶陀喇嘛吟誦的節奏發掘了許多絕妙的西洋棋技巧。公園裡紛擾的人聲和以前一樣帶給我激勵；至於二手菸，我學會了忍耐。

十四、五歲那兩年，我的柔軟區訓練受到前所未有的考驗。美國西洋棋分齡賽排名之爭因爲大量蘇聯移民的湧進而更加白熱化。隨著蘇聯瓦解，許多實力堅強的俄國西洋棋手紛紛轉向西方世界，尋求發展機會。這些少年棋手都是在著名的莫斯科先鋒宮和列寧格勒先鋒宮②受過嚴格訓練的優秀戰士。這些新面孔中，不少人在棋桌上會使出心理戰「伎倆」，讓對手倍感困擾。

其中，有個俄羅斯男孩的伎倆特別有意思，而我連吃了好幾個月的虧，好不容易才搞清楚他的把戲。他的實力很強，所以每次和他交手都讓我緊張萬分，但我不知爲何，總是在關鍵陣勢不小心犯錯。直到有一天，老牌保加利亞西洋棋大師魯迪·布魯門菲爾德（Rudy Blumenfeld）在馬歇爾西洋棋俱樂部找上我父親，問我們是否意識到這男孩在棋桌上使的小把戲。我們並不明白他的意思。布魯門菲爾德解釋說，在雙方交手的高潮時刻，當我必須全神貫注並且耐心推敲整個複雜布局，以尋找精準的解決方法時，這男孩會拿一枚棋子在棋桌側邊輕敲。聲響非常輕微，但敲擊的速度干擾了我的思考，而且稍稍催快了我的思考過程。這個微妙的小伎倆相當有效。我後來才發現，這是蘇聯研究催眠與心智控制的產物。下一次我再與這男

②先鋒宮是由國家出資的青少年學習中心，以訓練出高水準的年輕西洋棋手聞名。大多數先鋒宮在蘇聯解體後都被關閉。

孩交手時，我有備而來地等著他使出敲棋的小把戲，果不其然，就在關鍵時刻，輕敲聲就出現了。眞是好笑。當我了解這伎倆是怎麼回事後，我就能不受影響，在與他交手時扭轉局勢，反敗爲勝。

不過，有些俄羅斯選手的手段就沒那麼含蓄，甚至使出違反運動倫理的「奧步」。另一個俄羅斯男孩是我多年來的宿敵，他常在棋局進入緊要關頭時在棋桌下偷踢我，甚至常在比賽中途起身離開棋桌，與身爲知名特級大師的教練用俄語討論。這種行爲當然會引來參賽者的抱怨，但對於這樣的作弊行爲，眾人卻是無可奈何。受到語言障礙的限制，沒有人能證明他們的交談內容與棋局有關。除了他們很可能藉機討論應戰技巧，更嚴重的是，這種行爲往往會影響對手的情緒。對手往往感到莫可奈何又委屈不平，於是產生了受害者心態，這麼一來等於已經輸了一半。不只一次，我親眼目睹頂尖的美國少年棋手被這名作弊的棋手打擊得淚流滿面，所幸這些惡劣的手段並未在美國流傳。

一九九三年，我和這名俄羅斯裔棋手都是十六歲，我們共同代表美國前往印度，參加二十一歲以下組世界冠軍錦標賽。由於這名隊友重施故技，以致有七、八個國家的隊伍，分別向大會提出對美國隊的正式抗議。來自世界各地的代表紛紛來質問我。被旁人拿來與這個人及其作弊的伎倆相提並論，讓我深以爲恥。

棋賽變調，讓許多美國少年棋士灰心氣餒，決定退出比賽。這些俄羅斯棋手的棋技高強，帶來全新的挑戰，但美國棋手並沒有去適應和提升棋力，反而選擇退出。就我個人而言，這群聰明過人卻詭計多端的新對手，讓我益發認眞去看待西洋棋。我要守護自家的地盤，而第一步就是要學會在面對投機取巧的對手時，仍能維持冷靜。有時候，我留意到對方的心理戰術而不以爲意，但對於在桌下動腳暗踢與明目張膽的作弊，情緒上確實會受到影響。

我漸漸相信，解決這類情況的方法並不是壓抑情緒，而是化情緒爲助力。我必須將情緒轉化爲高度的專注，而不是壓抑自己。老實說，我一直沒找出如何前後一貫地達成這個境界的方法，直到練武的好幾年後碰上狡猾的對手，使出偷襲膝蓋、鼠蹊部，或是以頭錘撞我鼻子等陰險招數③，我才找到因應之道。

我在生活中不斷修鍊這門功夫。心靈的韌性可說是頂尖表演者最重要的特質，應該持續訓練培養。我一直在尋找讓自己的心志更堅定不移的方法；碰到令人不自在的時刻，我的反應不是避開，而是學會與不適共存。練武的人受傷是家常便飯，受傷時我盡量不吃止痛藥，而試著將疼痛轉化爲不完全負面的感受。我的本能永遠都是去尋覓挑戰，而不是逃得遠遠的。

這種心智的磨練工夫可以融入日常生活。我在前一章提過，我下棋的風格是先讓棋局混

③參見本書第十二章和第十七章。

亂失序，再設法比對手有效地突破重圍，破解棋局。我藉由訓練自己學會與不明朗或騷亂的場面共處，而培養出這等能耐，而且大多數的訓練都是在日常生活中進行。例如，從十幾歲起，我和親友玩「金蘭姆」(Gin Rummy）之類的撲克牌遊戲，就很少整理手上的牌，而是讓不同花色的牌錯雜其中，只在腦中理牌。我生性就不是個愛收拾整齊的人，而且有好幾年的時間，我故意不收拾，把住的地方弄得更亂，好讓自己練習在心裡整理房間的物品，日後遇上瘋狂混亂的場面也不會亂了陣腳。

當然，這種練習是永無止境的。就在我動筆的這一刻，屋外有人在剪草。幾分鐘前我曾經起身想關窗，後來打消念頭，回到桌前繼續寫作。這項巧合充滿諷刺意味。

學習的王道

在日常生活中，我們可以用多種方式訓練自己，不要被偶發事件分散注意力；一旦上場表演，就不容易被突發狀況影響情緒。

6 惡性循環

偉大的創作常源自於小錯誤。演技精湛的演員能夠將忘詞的片刻化為耀眼時刻。

我從十八歲那年開始，指導紐約市第一一六號公立小學一群對西洋棋極有天分的學生。這個西洋棋班大約有十五個孩子，核心成員是六個二年級學生。他們彼此之間感情很好；對西洋棋的熱情好學，彌補了他們平日的吵鬧。我很喜歡這群孩子，看著他們長大，一起度過許多美好時光。後來這支隊伍得到市冠軍、州冠軍，和一九九九年幼稚園至五年級組的全國冠軍，其中兩人還贏得全國大賽的個人獎項。我相信這些年來，我從他們身上所學到的，不比我教給他們的東西少，相較於一般抱著現實欲望的成人對手，這群孩子天真無邪的好奇心令我特別愉快。

我灌輸他們一個觀念：如果在棋桌上不小心出錯，一定要鎮定沉著，保持思路清晰。這對所有的競賽者與表演者來說，都不是一門簡單的功課。第一個錯誤的殺傷力不會太強，但隨後接二連三出現的錯誤，往往引發毀滅性的連環效應。運動迷應該都看過職業球賽裡，擁有「心理優勢」的球隊使局面大逆轉的情況。很多人喜歡講「氣勢」，好像它是獨立的個體，就像一個常有意外表現的球員。而從我個人參加比賽的經驗來看，這樣的說法不無道理。關鍵在於，當你心裡開始七上八下、惴惴不安時，你要勇於克服心裡的巨浪，順勢把「氣勢」這個球員拉過來；趁著思緒渙散以前，很快讓自己恢復鎮定。

一連串犯錯引起的惡性循環，常發生在少年棋手身上。在比賽時，常看到初學者在犯下第一個錯誤後便亂了陣腳。年紀較長、程度較高的棋手比較容易避免錯誤，但仍有小失誤接二連三發生的情形。讀者可以試著想像以下的情景：

你是個棋藝精湛的西洋棋大師，在一場重要的比賽上，你的布局明顯占了上風。過去三小時，你步步進逼，讓局勢越來越緊張，迫使對手一步步走向險境。你等待決定性的一刻，將優勢化爲勝利。就在此時，你犯了個輕微的錯誤，讓對手追平了局面。追平沒什麼大不了，但在這一刻以前，你的情緒已經和占上風的優勢密切結合。前一刻的優勢和現下的平手局面之間的落差，讓你心跳加快。

棋手不時盤算著棋局中出現的各種變化；他們如何看待眼前的局勢和稍早之前的局勢兩

者間的消長，決定了他們是否接受眼下的變局。因此，如果你在占上風時犯了錯，卻依然認定自己處於優勢，那麼當你想到一個盤算起來會使雙方不相上下的變化布局時，你會摒棄這個走法，因爲你錯以爲這個布局會讓你失去優勢。這樣的錯誤認知導致惡性循環：已經走錯一步又錯估情勢的棋手，接二連三地排除他其實應該要採用的棋步，反而本著毫無根據的過度自信，追求超過現有局面的優勢。更進一步來說，硬要在雙方不分上下的布局中求勝，往往導致輸棋的下場。

身爲競賽者，我了解勝負往往就在一瞬間；更有甚者，要反敗爲勝也有很多方法。所有偉大的表演者都學過這一課。一流的演員常在忘記台詞時，靠著臨場反應把戲演下去，由於表演者不著痕跡地從忘詞的險境重新融入劇本的情節，現場觀眾甚至沒發現演員漏了詞。演技精湛的演員更令人佩服；他們把忘詞的片刻化爲耀眼時刻，用機智與生動的即興演出綻放光芒。音樂家、演員、運動員、哲學家、科學家和作家都知道，偉大的創作常源自於小錯誤。如果表演者對於絕對的完美或精準抱著不切實際的指望，很可能產生問題。往後表演者一旦犯了錯誤，就會一下子陷入恐懼、失神、懷疑、困惑的情緒之中，無法平心靜氣地思考如何走出下一步。

我常告訴這群聰明的孩子，不要忽略惡性循環的影響。我讓他們了解，在比賽的緊要關頭務必穩住陣腳，把注意力放在當下，就有機會轉敗爲勝。我也傳授他們如何做到這一點。

有時候，這些孩子所需要的不過是兩、三個深呼吸，或是去洗把臉，讓自己跳脫負面思考的窠臼；但也有些時候，你可能會需要比較激烈的行動——如果我在艱難的困戰中感到意志消沉，我有時會乾脆離開比賽會場，到戶外去跑個五十公尺。在觀賽群眾看來，這樣做或許很怪，卻能讓我重拾活力。隨後我重返會場，雖然可能汗流浹背，但就像換了個腦袋一樣。

當時十八歲的我技巧尚未純熟，還沒辦法一下子進入專注狀態（第十七章〈啓動「專注」模式〉會詳述這個主題），但我已經體會到，避免一錯再錯而造成連鎖效應的道理，可以廣泛應用在日常生活各方面。那時還發生了一件事，讓我將這個道理銘記在心。

每星期三，我習慣步行三公里到一一六小學教棋。我利用步行的時間規畫上課的內容，也享受這個城市的活力。在一個秋日午後，我沿著三十三街向東，信步朝學校走，完全沉浸在思緒中。在曼哈頓長大的人都知道，穿越馬路時一定要左右看清楚，確定沒有來車，因爲汽車駕駛會闖紅燈、自行車騎士常在單行道逆向飛馳。驚險閃過曼哈頓中城的人潮，對汽車駕駛來說是家常便飯，而大多數紐約客對於警笛、汽車喇叭震天響，或是計程車在自己鼻子前面擦過等狀況，都習以爲常。雖然交通秩序還過得去，但幾乎不容許疏忽犯錯。

那一天，我和大批曼哈頓中城人潮一同站在路口等號誌燈，心裡想著待會要和學生討論的主題。有個年輕女子站在我身旁幾公尺，身體隨著耳機裡的音樂輕輕搖擺。我會注意到她，是因爲我聽得到從她耳機裡傳出的鼓點聲。她身穿灰色及膝裙、黑色毛衣，和典型曼哈頓上班族通勤時穿的白色球鞋。不一會兒，女子突然走到馬路上迎向車陣。我猜想她大概是被混亂的單行道搞混了，因爲她看著百老匯街沒車的那個方向。就在女子往右邊看、跨出腳步時，一輛單車從左邊騎過來衝向她。單車騎士雖然在千鈞一髮之際閃開，但還是結結實實地撞了女子一下，還好沒有大礙。在我記憶裡，時間就在剎那間靜止。此時是這個女子人生中關鍵的一刻：要是她趕快走回路口人行道，便可以安然無事，但她卻轉過身，朝著早已快速騎遠的單車騎士破口大罵。

我至今還記得，那女子背對著三十三街與百老匯街的車水馬龍，朝著單車騎士的遙遠身影尖聲怒罵——女子竟然毫髮無傷，不能不說單車騎士神乎其技——那一幕至今仍停留在我的腦海裡。就在下一刻，一輛計程車繞過街角疾駛而來，從後方把女子撞飛，她撞上電線桿後跌落地面，當場昏了過去，血流不止。警車與救護車迅速趕到。我離開事故現場，繼續往一一六小學走去，暗自希望女子不致傷重喪命。

我走進學校時，還未從目擊嚴重意外事故的震驚狀態下平復過來。我覺得有必要把這個親眼目睹的事件和學生分享。敍述中我對女子的傷勢輕描淡寫，但我將人生境遇與西洋棋連結，告訴他們這場悲劇原本可以避免。這個眞實案例顯然深深觸動了這些孩子。我告訴他們，這位女子的第一個錯誤是看錯車流的方向，走到馬路上與車陣逆向而行。也許耳機的音樂讓她置身於自己的世界，但差點和單車騎士衝撞的險狀，應該讓她清醒過來才對。她沒有受傷，但她並未因此警覺，留意自己的腳步，反而火冒三丈。女子的反應與棋手在棋桌上的惡性循環可以互相對照——大部分人犯錯後，情緒上往往耽溺在事發之前的安逸區（comfort zone），但其實內心已經隱隱感覺到情況不對勁。思緒清晰的思考者與自己抗衡，思路的流暢被打斷了。我總是想像有兩條線，平行向前移動：一條是時間線，一條是我們對時間的感受。我舉起雙手示範說明：當我們面對現實，我們與時間的移動齊頭並進，但當我們犯了錯而停駐於原地，我們就落後時間。時間繼續前進，而我們靜止不動，就好比我們突然間閉上眼睛過日子、下西洋棋，或過馬路。就在此時，計程車向我們疾馳而來。那堂課，無疑是這群孩子感受最深的一課。

三年後，我帶著這群學生前往田納西州納斯維爾市參加全國冠軍錦標賽。此時這些孩子已經升上五年級，也是全美實力最強的西洋棋隊伍之一。在冠軍賽的最後一回合，我們與對手打平。我和學生家長一起在比賽會場外等候。這麼大的比賽，而我不是參賽選手，感覺很怪。指導這些孩子下棋這麼多年，眼看著他們長成充滿活力的競賽者，在場外枯候比賽結果讓我坐立難安。我想起父親當年說的話，觀賽比參賽的壓力還大，其實並沒說錯。

我坐在那兒耐心等待孩子們現身，不管他們是興奮激動還是沮喪失落。佛格森最先出場，這男孩心思縝密，感受敏銳，對西洋棋很有天分。他贏了比賽，朝著我跑過來。我們擊掌慶祝勝利後，他說：「喬希，你知道嗎？我差點就輸了。」佛格森臉上有著飄飄然的表情，但他又像是心有餘悸的模樣。「我犯了個大錯，吊死了我的主教。對手嘲笑我，讓我氣得想去動皇后。就在這時，我想到你講的那個女人差點被單車撞的故事！」

佛格森原先被激怒而打算走的棋步不但會讓后被吃掉，還會輸掉那局棋。但他突然想起七歲那年老師教過的一課。他做了幾次深呼吸去釐清思路，重新面對現實局面，重整士氣，最後贏了全國冠軍錦標賽中關鍵的一役。

學習的王道

當表演或比賽時犯了錯誤，務必平心靜氣、穩住陣腳，不要讓自己陷入負面思考，就能避免接二連三地出錯。

7 蛻變中的我

西洋棋對我的意義遠遠超越了勝負——我的主要目標不再是磨練棋技，而是透過西洋棋發掘深層自我。

電影《天才小棋王》上映時，十六歲的我出賽無往不利。那一年，我成爲全美最年輕的國際西洋棋大師（International Master），接著又在十六、十七歲連續兩年贏得全美西洋棋二十一歲以下組冠軍；十七歲贏得世界西洋棋十八歲以下組亞軍——和冠軍選手僅有些微之差。表面上看來，我似乎所向無敵，但骨子裡的我不過是個沒辦法搞定一切的毛頭小子。

在我學著適應成爲鎂光燈焦點的同時，我和西洋棋的關係逐漸變得不是那麼單純直接。我發現，自己下棋似乎是爲了滿足好萊塢的期望，而不是因爲我熱愛棋局。我很清楚，太在意名聲會讓我分心，因此我極力保持專注。然而，我的堅持一點一滴的棄守。越來越多崇拜者來到比賽現場看我比賽，向我索取簽名。漂亮的女孩對我綻放微笑，遞上她們的電話號碼。一同與賽的特級大師（Grandmaster）不屑地嗤之以鼻，想在棋桌上好好修理我。我活在兩個世界裡；當我以競賽者身分坐在棋桌前，卻對比賽產生一種古怪的疏離感。有時候，我覺得自己的意念彷彿飄到賽場的另一端，遠遠看著棋桌上的自己思考。

也差不多就在那個時期，我開始接受一位俄國西洋棋特級大師的指導，他要求我朝謹慎穩當的方向調整。這位大師爲人和藹可親，極富同情心又很風趣，我們相處得非常融洽，但兩人的弈棋風格卻是南轅北轍。他是講究條理的策略家，熱愛緩慢而微妙的棋步變化。而我素來是隨性所至型的攻擊派棋手，喜愛西洋棋狂野的一面。我喜歡效法巴比・費雪和蓋瑞・卡斯帕洛夫（Garry Kasparov）的冒險精神，然而新教練卻要求我投入完全相反的弈棋思維。我們一同鑽研偉大的防守型棋手，探究貝卓鄉（Tigran Petrosian）和卡波夫（Anatoly Karpov）等棋風與我迥異的前輩的棋譜。這些大師並不在布局中設法激化對手，反而像是狡猾的大蟒蛇一樣，步步爲營地謀算各種侵略性的手段，直到對手癱瘓倒地，做臨死前的掙扎。

雖然我覺得這項練習很有趣，但不復身爲競爭者的本性卻令我不安。下棋時，我的教練不讓我依從直覺，而要求我先問自己：「卡波夫遇到這情況會怎麼辦？」卡波夫是冷血型棋士，而我卻是熱血沸騰的棋手。卡波夫小心翼翼在戰略上取得優勢，但我嚮往狂野的動能。我試著照教練喜歡的方式去下棋，但西洋棋開始變得有距離，有時候我覺得自己彷彿一頭栽進厚厚的雲層，看不見這門技藝變化多端的一面。身為年輕冠軍選手所具有的長處——一致、奮力求勝、專注、動力、熱情、創意——似乎離我越來越遠。我仍然喜愛西洋棋，但西洋棋不再像是自我的延伸了。

那時的我正值青春期，雖然我的西洋棋生活產生某些問題，我仍在其他方面快速成長。我在紐約「專業兒童學校」（Professional Children's School，簡稱PCS）度過高中最後兩年。這是個很有意思的學習環境，學生之中有才華洋溢的童星、舞者、樂手、西洋劍士、年輕的創業家、體操選手，和我這新加入的西洋棋手。PCS的每個學生各自有追求的專業目標，而且許多學生都因電影或百老匯戲劇演出而聲名大噪（校內的學生才藝表演總是讓觀眾讚歎不已）。PCS提供很大的彈性，讓我得以在遠行參加錦標賽後，再回來趕上學業進度，而且這裡提供一流的教育——文采豐沛的史克蘭女士開的創意寫作課，是我求學生涯中獲得最多啓發的課程。

我讀了海明威、杜思妥也夫斯基、赫曼·赫塞、卡繆，和傑克·凱魯亞克的作品。我和女生約會，一邊想著自己把半生的時間都耗在棋盤上，為了縱橫於六十四塊方格間而嘔心瀝血。在社交方面，就讀PCS讓少年名人可以遠離崇拜者的注目，因為這裡的每個人都在某個領域有出眾表現。在PCS讓我減輕不少心理負擔，可以在校園中自在地成長茁壯，然而，在專業領域方面，我卻感到備受壓抑。成名來得突然，讓我毫無心理準備，再加上感覺與熱愛的西洋棋藝術漸行漸遠，讓我迫不及待地想逃避。高中畢業後，我決定保留哥倫比亞大學的入學許可，動身前往東歐。我和一個斯洛維尼亞女孩墜入情網，打算和她一同旅行。

這是我人生中重要的塑形時期。在我十九、二十歲生理上逐漸成熟之際，我對西洋棋也有更深刻的體會。我不再像剛開始下棋時那樣急速竄高。現在的我面臨心理障礙，面對西洋棋時，總讓我產生自我懷疑和疏遠隔閡的感受。然而在歐洲，我至少可以擺脫隨著名聲而來的巨大壓力。

帶著手提電腦和帆布背包，我周遊歐洲各國，研讀西洋棋棋譜和文學作品。我落腳在小村佛荷耶，位於斯洛維尼亞南部山區，俯瞰義大利北部。我與女友在佛荷耶過著浪漫的日子：到林中漫步、深入研究西洋棋，透徹分析不久前在阿姆斯特丹、克里特島，或是布達佩斯和特級大師對弈的棋賽中潛藏的細節。沉潛鑽研一段時間之後，我會啓程到某個遙遠的地方去參加比賽。

在這些年中，我發現了自己與西洋棋間強烈、私密的新關係。我仍然孜孜不倦地鍛鍊棋藝，但對於自我發現的渴望遠超過追求成就的企圖心。雖然我對西洋棋有了更深入的認識，但我的內在和外在仍未取得平衡，甚至有時候在比賽裡還會弄巧成拙。每到比賽前夕，我總是悶悶不樂，寧可過著沉潛自省的生活，與情人相守；等到我好不容易出門去參加比賽，有時我會下出絕妙好棋，有時我覺得靈感盡失，就像詩人少了繆斯一樣。爲了要讓研究而來的新知識能在棋桌上發揮作用，我必須找出方法，讓自己不會被這些累積的情緒包袱綑綁。我發展出一套習棋的方法，讓西洋棋與我的生活融合爲一。

雖然我面臨某些問題，但在西洋棋界，我仍是數一數二的好手，不時與世界一流高手交鋒。每一場比賽都充滿錯綜複雜的問題，還有隨著時間接連累積的緊張局勢。我和對手各自製造越來越奇詭的難題，緊張局勢逐漸升高，直到棋盤與心靈都像斷層，晃動不已，瀕臨爆發的邊緣。有時候，棋技對勝負有決定性的影響，但更多的情況下，分出高下的原因是因爲有一方撐不住了，彷彿心靈深處的微小弱點突然間在棋桌上爆發。

這些技術與心理交相衝擊的時刻，正是我研究棋藝的重點。在一場九回合的西洋棋賽中，可能戰到第四或第五回合時，我面臨不甚了解的布局或是犯下錯誤。在每場比賽後，我飛快將棋譜輸入電腦，並註記自己在比賽時的思考過程，以及在比賽中不同階段的情緒感受。比賽結束後，我帶著鮮明的記憶回到佛荷耶，繼續鑽研這些關鍵時刻。

這就是我在引言提到的**習數以忘數**。當我做長時間的研究時，是這樣進行的：我先挑出比賽棋局中的一個關鍵時刻、一個靠著直覺無法理解的難題來研究。起先我的腦袋十分僵硬，就像個在寒冬晨跑的跑者一般，對慢跑提不起興致。我開始活動手腳，回想起在對弈當下想出的各式攻法，以及那些想法爲何無法相互貫通。我試著將對手的布局拆解開來，找出他添加的一層層防禦資源。經過這番暖身，我的腦袋恢復活力，開始整合先前未能全盤了解的結構動力的演變。過了一會，血液開始流動，身體出了汗，我進入分析階段，探索無數個不斷變化精進的布局排列。就像個輕鬆愜意的跑者一樣，在我完全沉浸於布局中時，思路變得流暢無阻，越來越快。這樣的研究，有時一天就要花上六個鐘頭，有時一星期用掉三十個鐘頭。感覺上我在這座迷宮中生活、呼吸和睡覺，突然間靈光一現，一切的複雜難題迎刃而解，而我領悟了其中的奧妙。

當我重新檢視比賽中所面對的關鍵布局，幾天前、幾小時前或幾週前讓我百思不得其解的難題，現在回頭看來卻是再明白清楚不過。我知道最好的棋步是什麼，明白最正確的計畫，也能客觀地評估整個布局。我無法用棋步的擺法和文字敘述說明我的新體悟。對我而言，那些心得更貼近基本層面，就像帶著波紋的水面或拂面的輕風一樣。我對西洋棋的直覺更深入了。這就是**習數以忘數**①的練習。

這種分析方法有個奇妙的副作用，那就是我發現自己棋藝日益精進的同時，內在的價值觀也有所改變。在我研究這些關鍵布局的時候，我還記下我在比賽當下的**情緒變化**。上一章提過，在比賽的沉重壓力下，棋盤上的對峙越緊繃，心理的緊張狀態跟著節節升高，棋盤上的一個錯誤往往產生心理衝擊。我在比賽時犯的錯誤，十之八九都能找出心理壓力根源，而我也開始注意到，我在生活上碰到的問題也會反映在棋桌上。

例如，住在斯洛維尼亞時，我一方面很享受這種旅行、寫作、探索新環境的生活；另一方面，我非常想念家人。在斯洛維尼亞我很少講英語，除了和女友以英語交談外，我靠著結巴的西班牙語、糟透的義大利語，和更蹩腳的塞爾維亞—克羅埃西亞語和當地人溝通。我是個異鄉人，但我在佛荷耶過得很自在。我喜愛迷人的鄉居生活，也很享受時時內省的時光。然而我差不多每個月都會離開斯洛維尼亞，獨自前往匈牙利、德國，或荷蘭參加爲期兩週、耗費心力的西洋棋賽。每次旅程都是一次冒險，但在旅程一開始，我總免不了會思鄉。我想念女友、家人、朋友，我想念一切。我覺得自己就像風中的落葉，獨自飄蕩。賽程開始的頭幾天總是特別難熬，但等我逐漸摸熟這個新城市，就能享受愉快的時光。我只是需要在過渡期調適一番。

①所謂**習數以忘數**，或**習形以忘形**，是指將技術資訊整合吸收，內化為像本能般自然的知識能力的過程。有時候我們講的是實際上的數字，有時候指的是原則、模式、變化、技術，或構想。例如，初學者頭一次學西洋棋，都要學會各個棋子所代表的數值——主教和騎士等於三個兵、一個城堡等於五個兵、一個皇后等於九個兵。初學者必須在心裡默數或用手指計算，但時間一久，就不需要一一計算了。這些棋子在棋手腦中會成為一個順暢統整的價值系統。這些棋子在棋盤上移動，就像力場一樣表現出某種秩序。過去看來像是純然數學計算的對弈，如今卻有如行雲流水般的自然順暢。

奇妙的是，我在棋桌上也有類似的問題。有很長一段時間，我下棋時所犯下的重大錯誤，幾乎都是在重大改變發生的當下或前後。例如，如果我下的是封閉性棋局——其中充滿複雜的調度、長期的策略性規畫和逐漸累積的張力——而突然間從封閉性的棋局轉變成開放式棋局，我調適自己去面對新情境的反應會比較慢。又或者，如果我的布局非常戰術導向，而棋局突然演變成抽象的殘局，我會反應不來，依然朝著戰略性的思考去盤算，而不是做幾個深呼吸，從長規畫計議。在棋局突然脫離預期的走向後，我的第一個重要決策通常都不理想，而且未能及時應變。我的整個思考方向都是依據原來的走向，因爲我思鄉心切。當我終於發現這個關聯後，我分別從西洋棋和生活雙方面去解決過渡期的適應問題。在西洋棋方面，當棋局風格轉變時，我做幾個深呼吸，釐清思路。在生活上，我盡可能接納變化，而不是心存抗拒。透過覺察與行動雙管齊下，我將自身生活與西洋棋上的弱點，轉化爲我的強項。

當我體認到競賽者內心深埋的祕密會在沉重壓力下浮現，我研究西洋棋的方法便轉而朝精神分析的形式下手。我透過西洋棋挖掘出自身最微妙的弱點；不可否認，我的生活與棋藝間有所聯結。我下工夫研究若干心理層面的課題，包括過渡期的調適、足以抗壓的專注力、流暢的思考、掌控全局、面對陌生的情境、承受壓力、接連犯錯造成的惡性循環、面對擾人事物如何調適、承認自己有時也會疲憊、情緒的衝擊，以及西洋棋步與人生的相似之處。不論何時，只要我注意到任何弱點，就立刻正面去面對它、解決它。

此外，我也密切研究我的對手。他們和我一樣，生活中的微妙心理感受也會顯現在棋盤上。我注意到有個對手在等電梯時不耐煩地用腳掌擊地，另一個選手則在晚餐時避開盤中的豌豆。如果我碰上控制型的對手，喜歡在行動前盤算好每一步，那我就刻意把棋局的布局弄得雜亂無章，讓他無從盤算起，陷入令他感到不自在的不明情勢。如果我碰上直覺型的對手，思路敏捷又喜愛抽象的交鋒，那我就會步步為營，讓他只能耐著性子做讓他傷透腦筋的數學計算。

我二十一歲回到美國時，對研究西洋棋藝的熱愛更甚以往。我對西洋棋的著迷永無止境，而西洋棋對我的意義遠遠超越了勝與負——我此時努力的主要目標已不再是磨練棋技，而是透過西洋棋去發掘深層自我。我將西洋棋這門藝術視為一步步接近「不可企及的眞理」的行動，彷彿我即將穿越一座不斷加深、加寬的隧道一般。我對棋局了解得越多，越是體會到還有那麼多知識等著我去理解。每當我結束一回棋技研習，對西洋棋的奧妙便更添一分敬畏，也益發感到謙卑。我對西洋棋的態度也不再像過去那麼激烈狂熱。如今我眞的是為了西洋棋這門藝術在下西洋棋。

當然，並不是一切都如此美妙。雖然旅途中我一心追尋個人成長，但當我回到美國，等於重新回到鎂光燈下。仰慕者再次湧進比賽會場，令我難以招架。眾人對我寄予厚望——但當時的我正處於成長的脆弱階段，就像剛脫離小殼卻尚未遷入大殼的寄居蟹一樣。對西洋棋的哲學思考固然有益於我的精神層面，但對一個年輕的競賽者來說，這樣的心態卻多少帶來負面影響。以爲自己找到答案的年少輕狂時代已然過去，我變得更有韌性，也更懂得反躬自省；另一方面卻失去讓我克敵制勝、成爲冠軍選手的特質與動力。作爲西洋棋的愛好者與學習者，我翺翔在棋局之間；但作爲藝術家與表演者，我卻被牢牢禁錮。

學習的王道

高階學習者往往能「習數以忘數」，也就是將技術資訊整合吸收後，內化為像本能般的知識能力。

生活上遇到的問題會反映在表現或比賽上，所以要從心理層面深入發掘自身的問題。

8 馴服野馬

在追求目標之時切勿失去自我風格，因爲那是讓我們保持平衡的重心所在。

充滿抱負的人生就像走平衡木一樣：年幼時不懂得害怕，渾然不知跌落的危險。從孩子的角度來看，平衡木既寬又穩，天生的玩心讓孩子們勇於嘗試富含創意的跳躍動作，學得特別快。你可以一會兒玩側翻，一會兒後空翻，對探索與新挑戰的熱愛促使你一再測試自己。如果不小心從平衡木摔下來也沒關係，再爬回去就是了。但隨著年齡增長，你慢慢了解受傷的風險，你可能會摔破頭或扭傷膝蓋。這時在你眼中，平衡木變得又細又窄，要小心翼翼才不會掉下來。猛地摔下來可是件很丟臉的事。

天眞的孩子可以自在的把平衡木當遊樂場般玩耍，但承受高度壓力的表演者卻常將平衡木看成又細又窄的高空繩索，任何失誤都會變成一場危機，必須步步爲營。高空繩索下便是熊熊烈火，眾人期待你使出精彩的表演，但四周氣氛如此緊繃，還有炮彈飛人試圖偷襲你。過去做起來輕鬆好玩的事情，這下子令你心驚膽戰。

高層次學習有個關鍵要素，就是培養在壓力下迅速復原的能力，可以說就是更成熟、更有意識的「童稚之心」。我的西洋棋生涯因著我在火堆上的高空繩索跌撞搖晃而走向尾聲，但隨著時間過去，我透過另一項媒介，在「追求抱負」和「不失去對這項技藝的單純喜愛」之間，找出平衡之道，使我在世界冠軍頭銜的壓力下，依然能像孩子般自由發揮。這場旅途從孩童歲月起步，終究又回到童稚純眞，使我對成功有了不同的體認。

我認爲，要轉變爲有覺察力的高階表演者，最關鍵要素之一，就是你追求目標的努力與你的人格特質必須和諧一致。我們每個人有些時候不免需要嘗試新構想，需要拋開既有的認知去接受新資訊——但同樣重要的是，我們要在不扭曲自我的前提下去整合新資訊。如果失去了自我風格，在我們努力克服障礙的過程中，很可能也會失去讓我們保持平衡的重心。我想讀者應該有興趣多了解一點我親身經歷的故事。

杜佛列斯基（Mark Dvoretsky）和拉祖維耶夫（Yuri Razuvaev）是俄羅斯西洋棋學派的兩大支柱。兩人被公認是世上最出色的西洋棋名師，他們投注畢生心力，栽培有天分的少年西洋棋大師，訓練他們成為世界級的競賽者。他們兩人各自編撰了難以計數的原創教材，供頂尖棋手研習，幾乎沒有哪一位西洋棋大師不受他們任何一人的深遠影響。在我十六至二十一歲之間，我有幸能長時間跟隨這兩位傳奇性的教練，而且我相信他們兩人的教學風格（儘管南轅北轍），對所有學生都有重大影響。對我而言確是如此。

當你見到拉祖維耶夫時，你會覺得心神特別平靜。他帶著佛教僧侶的謙沖祥和，以及親切中有那麼點諷刺意味的微笑。碰到像是「去哪裡吃飯」這樣需要做決定的情況，他會聳聳肩，溫和地告訴你，他覺得兩個選擇都可以。他的言詞也同樣抽象。他最溫和的評論，聽來就像佛教的「以心傳心」一樣，在談話中稍不留神，就可能像微風輕拂般忽略掉他的重要意見。看見棋盤擺出來時，拉祖維耶夫臉上出現輕鬆但專注的神情，眼神轉為犀利，像刀鋒般銳利的心智開始運作。我和拉祖維耶夫練習分析時，常覺得他透過我下的每一步棋，穿透我心中最深處的皺褶。在和他學棋的幾小時中，我覺得他幾乎比我生命中的任何一個人都還要了解我，那感覺簡直像是與《星際大戰》裡的尤達下棋一樣。

杜佛列斯基的個性卻是截然不同。我認為他的著作是當今最重要的專業西洋棋士參考書籍，有許多棋力高強的國際大師與特級大師都忠實地依循他的作品進修。要「研讀」一本杜佛列斯基的書需要花上好幾個月，因為書中充滿了關於高級西洋棋中較深奧的元素。我曾經花了千百個小時鑽研杜佛列斯基的著作，腦力運用被逼到極限，在結束每一次的研習時，總會感到異常疲累，但同時又對西洋棋廣泛的延伸潛力多了更細緻的體會。從他的字裡行間看來，我覺得這人真是個不世出的天才！

在現實生活中，杜佛列斯基是個大個子，戴著厚重眼鏡，不愛洗澡，也很少換衣服。他不善社交，不談西洋棋或不下西洋棋的時候，他就像離開水的魚一樣難過。頭一次見到杜佛列斯基是在我七歲時，在莫斯科的第一次「卡斯帕洛夫 vs. 卡波夫」的世界冠軍爭奪戰。杜佛列斯基來美國時，偶爾會到我家住個四、五天。在我們家作客時，與西洋棋無關的事情對他來說，似乎都是擾人的瑣事。不下棋的時候，他就盯著電腦螢幕上的棋局看。用餐時，他口中喃喃自語，食物掉落地上。當他開口說話，黏稠的唾液積聚在嘴角，甚至像膠水般一絲絲噴出來。如果你曾讀過納博科夫（Nabokov）精彩的小說《防守》（*The Defense*），書中那位特立獨行的西洋棋天才，活脫是杜佛列斯基的寫照。

杜佛列斯基一坐到棋桌前，立刻變得精神奕奕，粗厚的手指掌控起棋子來卻顯得無比優雅。他極有自信，更貼切地說是自大。他最喜歡和有天分的學生對弈，一開局便設下重重複雜關卡，讓學生去破解。他腦子裡像是裝了用不完的深奧素材，對手花了很長時間孜孜矻矻地拆解推敲後，他仍能接二連三地屢出新招。杜佛列斯基喜歡看優秀的西洋棋手在他設下的難題中奮力突圍。年輕的西洋棋冠軍好手的大膽創造力漸漸被榨乾之際，杜佛列斯基則沉浸在自己的強大力量中。作爲他的弟子，這些練習課對我來說，像是歐威爾小說《一九八四》

監獄場景的寫照：能夠獨立思考的人受到粗暴地折磨，直到他們只剩下空虛的軀殼。

若是接受拉祖維耶夫的訓練與指導，就不會感覺到歐威爾筆下的夢魘，反而比較像是心靈的靜修。拉祖維耶夫下了工夫去了解每個學生的人格特質和下西洋棋的風格，而他的教學方式便以這些了解爲基礎。拉祖維耶夫有著驚人的心理敏銳度，他的教學風格是先從仔細研究學生下過的西洋棋局開始。他有辦法在很短的時間找出學生下棋風格的核心，與導致棋手無法徹底表達自我的障礙所在。接下來，他會針對棋手的特質設計個人化的訓練計畫，系統化地加深學生的西洋棋造詣，使其特長和天賦得以充分開展成熟。

杜佛列斯基的作風卻是大相逕庭，他創造出一套全面性的訓練系統，套用在所有學生身上。他的教學法是先殘酷地擊潰學生的心防，再把學生塞進他自創的訓練系統的制式框架中。在我看來，這個方法對原本朝氣蓬勃的年輕學生，會產生深遠的反效果。

在《天才小棋王》上映後的西洋棋生涯關鍵時期，眾人對我的訓練走向意見紛歧。一方是杜佛列斯基和他的愛徒——也就是我的專屬教練——他們認爲我應該專心鑽研預防性戰術，讓自己下棋像大蟒蛇一樣兇狠。偉大的防禦性棋手，例如卡波夫和貝卓鄉等人，似乎都能預感到對手的意圖。他們有計畫地施壓，非要把獵物的最後一口氣都逼出來不可，同時在任何攻擊性舉動出現以前就先發制人。他們是天生的反擊者，而且他們往往靜默少言，老謀深算，個性孤僻。拉祖維耶夫則持不同看法，他認爲我應該繼續發展本有的自然風格。拉祖維耶夫知道我是個有天分的攻擊型棋手，不應在此時放棄個人強項。我確實需要學習卡波夫式的棋法，以求棋技更上一層樓，但拉祖維耶夫指出，我大可透過卡斯帕洛夫的棋法，去學卡波夫的棋技。

這是個相當微妙又頗有神祕感的說法。我希望當年十六歲的我能有今日的歷練，深入了解這種想法的意涵和力量。就一個層面來說，拉祖維耶夫認爲，出色的攻擊型棋手對布局有深切的理解，而像我這樣要學習高階西洋棋布局的棋手，理應仿效下棋風格**與我類似**的西洋棋名家。我們可以舉個有趣的例子：一個搖滾吉他手突然想學古典樂。假設現在有兩個可以指導他的古典樂老師，第一位是受傳統訓練的古典作曲家，向來看不起「粗俗的搖滾樂」；另一位老師則是玩搖滾樂出身，後來愛上古典音樂後，才轉移了方向。對這位有心認識古典樂的搖滾吉他手而言，第二位老師可能和他有相通的語言，而第一位老師可能會和他格格不入。至於我，需要透過一個和我一樣熱血沸騰的樂手，來指導我卡波夫的棋法。

拉祖維耶夫的教育觀，與道家所說的「從對立面學習」、「滴水可以穿石」非常相近。在大多數生命經驗中，相異的兩端似乎都有著微妙的關聯。讀者不妨試想，大多數人往往等到伴侶離開身邊，才體認到對方對於你的意義——心碎的感受讓你深刻認識愛的價值；久病痊癒後格外感覺「健康」的美好。誰會比快渴死的人更了解水？許多事物的定義是相對的——如果沒有光，如何說明黑暗的意義？

延續同樣的思考脈絡。如果我們提供資訊給潛意識，那麼潛意識將會在看來南轅北轍的事物之間找出關聯性。想要深入了解某一個方向，往往得先研究相對的另一個方向——直覺往往做出不可思議的連結，進而使若干零碎不完整的想法變得具體。舉例來說，那些抽象表現主義畫家與雕塑家，事實上是經過了嚴謹精準的寫實派訓練後，才提出那些革命性的概念。抽象表現主義代表人物之一的波洛克擁有高度技巧，可以把景物描繪得像攝影一般逼眞，但他卻選擇用狂野而情感洋溢的手法揮灑顏料。他先鑽研型態後，才跳脫型態的束縛。他的作品看似背離古典結構，卻隱約包含了正統訓練的精髓——但又不受其限制。

更進一步來說，如果我多研究那些精彩的攻擊式棋譜，必然會強化我對防禦技巧的認識。每一個創新的高層次西洋棋手法，都是從布局的基礎核心逐漸累積而得。就像陰陽太極圖的黑色區域有個白色小點，而在白色區域有個黑色小點，創造性的跳躍思考必須以扎實的技術爲基礎。多年後，我受到的武術訓練把這個觀念融入我日常的演練中，但當年十來歲的我還不懂這個道理。如今想來，當時的我根本不曾意識到這個問題。

我母親除了各項令人刮目相看的才能外，還懂得馴馬。她以前曾是馬術越野障礙賽和盛裝舞步騎手（dressage rider）競賽選手，我小時候常跟著母親到紐澤西州的農場騎馬。母親和馬溝通的方式很特別。碰上不合作的馬，農場裡的人便向個頭嬌小的母親求救，母親走到好幾百公斤重的野馬旁邊，用令人或馬都感到舒緩的聲音對馬說話。很快的，憤怒的馬就會平靜下來，還把頭依偎在母親的掌心。

母親具有能與各種動物溝通的獨特能力。我看過她在船上，毫不費力地把巨大的馬林魚吸引到船邊。吠叫不停的狗在她的安撫後平靜下來，乖乖舔著她的腿。成群的鳥兒喜歡飛到她的身邊。母親喜愛動物，而且她能用動物自然的肢體語言和牠們溝通。

母親告訴我，馴服野馬的基本方法有兩種。第一個方法是把馬綁起來，讓馬受到驚嚇。在馬兒身邊故意搓揉紙袋，敲擊鋁罐，讓牠瘋狂不安，直到牠屈服於噪音為止，讓牠承受被繩子與柱子控制的羞辱。一旦馬兒稍有屈服的跡象，你就乘機騎到牠身上，用馬刺鞭策馬兒，讓牠搞清楚誰才是老大——馬兒會抵抗、俯身、扭動、奔跑，但牠卻怎麼也甩不掉你。到後來，野馬終於不支地跪下來，臣服於被圈養的命運。馬兒經歷了疼痛、憤怒、沮喪、疲憊到近乎送命……最後終於屈服。有些人把這種方法稱為**驚威並施**。

另一種馴服野馬的方式稱為「輕聲馬語」。母親解釋說：「在馬兒年紀還小時，我們就用溫柔的方式對待牠。你拍撫牠、餵牠、梳順牠的毛，牠自然對你感到熟悉，越來越喜歡你。你騎在牠背上，牠也不反抗，因為沒什麼好抗拒的。」你可以引導馬兒去做你想做的事情，因為牠也想要去做。人和馬協調一致，使用共同的語言。人並未打擊馬兒的志氣。母親又說：「如果你直直朝一匹馬走去，牠會盯著你瞧，然後可能會跑掉。你可以慢慢靠近牠，不要製造對立。即使是成馬，也可能被溫柔的馴服。好好的對待牠，讓馬接受你的想法。

「接下來，當你騎上馬時，你和馬都希望維持彼此和諧的關係。如果你想朝右走，你的身子就往右邊移動，馬兒自然會往同一個方向移動，好平衡牠身上承受的重量。」騎士和馬像是一體。人和馬之間建立了彼此都不願破壞的情誼。最重要的是，在人和馬的關係裡，馬的本性並沒有被剝奪。經過訓練，馬會顯露牠獨特的性格。這匹過去慣於奔馳原野的動物，體內仍然流動著充沛的活力。

杜佛列斯基想要用**驚威並施**的手法馴服我，而拉祖維耶夫則想要引出我天生的光芒。而我的全職教練或許是因為本身下棋風格之故，採用了杜佛列斯基的看法，因此從我十六歲起所接受的西洋棋訓練中，有一部分是要拋開自己本有的長處，納入卡波夫式的棋風。到後來，我失去了作為一個競賽者的立足重心。教練要我時時問自己：「換作是卡波夫，他會怎麼走這步棋？」我變得不再相信自己的直覺，因為那不符合卡波夫的風格。當《天才小棋王》的效應席捲而來時，我難以站穩腳步的一大主因，就是我感覺到自己與心靈深處的藝術家本質漸行漸遠。我失去了安定身心的心靈羅盤。

回顧我西洋棋生涯的最後幾年，我最感震撼的是，藝術家或競賽者在長期學習曲線上所面臨的問題竟是如此複雜。要把我日後選擇離開西洋棋生涯的原因歸咎為一兩個因素很簡單。我可以說《天才小棋王》讓我承受太多成名的壓力；我可以說不善引導的老師讓我漸漸失去對西洋棋的熱情；我也可以說我的興趣轉移到別的事物；但光是用這些理由來解釋實在太過簡化。

在我看來，學習與表現都是在探索灰色地帶，或說是追求某種不過於極端的中間領域。要持續地督促自己進步，也要小心維持平衡免得自己難以承受。肌肉和心靈都要拉緊才能伸長，但如果繃得太緊，肌肉與心靈便應聲而裂。競爭者必須養成「過程導向」的心態，時時留意尋找比自己更強的對手來刺激自己成長；但同樣重要的是，要讓自己擁有許多打勝仗的經驗以維持自信。我們必須拋開既定的觀念才有辦法接受新知，但不能連自己的獨特天分也放棄了。活潑又有創意的理想派，也需要講究技術的實際面來調和折衷。

追求卓越的航程並非一帆風順，狹窄的航道沿途屢有暗礁和考驗；而在我的西洋棋生涯中，我不只一次觸礁。當時我被迫放棄自己天生的競賽者特質，造成很大的傷害，但現在回頭去看才了解到，當時的我其實有難能可貴的成長機會。今天的我所抱持的信念中，有很大部分都是西洋棋生涯最後幾年所經歷的殘酷考驗帶給我的啓示。

學習的王道

我們要拋開既定觀念才能接受新知，但同樣重要的是，不能失去自己的特質和風格，因為那是讓我們保持平衡的重心。

第二部

我的第二項技藝

9 太極初心

極度放鬆的時候，我可以專注在身體任何一個部位，感受到過去完全不曾留意的感受。

一九九四年夏天，世界西洋棋十八歲以下組冠軍賽即將在匈牙利塞格德舉行。我完成準備後，拿起小說《旅途上》來讀。凱魯亞克的描繪讀來令人心神振奮。他在最枯燥無聊的經驗中也能找到樂趣，打開了我的視野，讓我看到更寬廣的世界。職業棋手生涯讓我倍感壓抑，但我抬起頭看著落葉飄下或看雨點灑入哈德遜河，這種自然之美帶給我莫大的喜悅。待我動身前往匈牙利時，我對生命抱著充沛的熱情，士氣高昂。

爲期兩週的賽程，我的棋下得很順。進入最後一回合，我和俄國冠軍史維德勒（Peter Svidler）並列領先。我的對手實力堅強，現在已是全球頂尖的西洋棋特級大師之一，但我與他交手時仍信心滿滿，打算一決勝負。他一定也感覺得到我的自信，因爲棋賽才進行了半小時，他就提議和棋。在那當下，我只要和他握個手，同意他的提議，我就能與他同享世界冠軍的殊榮——因爲在計入小分 (tie-break) 的情況下，看不出誰的贏面較大。只要握手言和就好了！但一如過去多次讓我贏也讓我輸的「放手一搏」作風，逼我一定要分出高下。到後來，我把到手的冠軍拱手讓了出去。

那天晚上我離開匈牙利，越過東歐，到斯洛維尼亞的一個度假村去找我的女友，她是斯洛維尼亞西洋棋女子組冠軍，即將代表國家參加大型比賽。我背著背包，《旅途上》攤在腿上，沿途轉換不同的交通工具——火車、巴士或搭便車——我的興奮情緒完全不受影響，好不容易到了名叫 Ptuj 的地方。我永遠也忘不了琦蒂在漫長的黃土路上向我走來的那一幕，她身上的紅色洋裝隨風輕飄，感覺格外嬌柔，與平日的她截然不同。她走近了些，頭別了過去，美麗的臉上帶著幾許嚴峻與疏離。我看著她，忍不住打了個寒顫。

我們的關係搖擺不定，而這次我們足足吵了兩天，直到我惱火又心碎地離去，想辦法繞過被戰火摧殘得滿目瘡痍的克羅埃西亞，進入匈牙利境內，才能搭機飛回美國。我在往奧地利的夜車上看完了《旅途上》，雨打在隆隆疾馳的老舊車廂上，酒醉的俄國佬的呼叫聲從車廂另一頭傳來，與隔壁小包廂吉普賽小孩的嬉笑聲交雜在一起。此時此刻，我的感受非常奇特。我剛剛錯失世界大賽的冠軍頭銜，又失去青春年少時的摯愛，而且我已經六天沒睡，但我感到前所未有的活力充沛。

三星期後我來到巴西，就在我準備代表美國，爭奪西洋棋世界錦標賽二十一歲以下組冠軍頭銜的前一天，突然間琦蒂面帶微笑地出現在我面前，對我深情凝望。我們相視而笑，繼續兩人的冒險。這就是我的人生。

讀完《旅途上》，我接著讀凱魯亞克的另一本著作《達摩流浪者》，這是一本關於「垮世代」與禪宗關係的精彩故事。我想這是我第一次眞正接觸到佛家思想（雖然不算正統）。我很欣賞「垮世代」詩人史奈德追求快樂的歷程與離經叛道的睿智思想。我內心深處渴望隱居山林，與鳥兒爲伴，但到頭來，我卻只能在曼哈頓下城的香巴拉中心學習冥想。我試著讓自己靜下心來打坐，專注調整呼吸。我的確找到了片刻的祥和，但大多數時候，想要拋下一切的渴望使我心神不寧。

不久，我離開美國到斯洛維尼亞長住；這段在歐洲流浪的日子，我接觸到據信是中國智者老子於西元前六世紀撰寫的《道德經》，其中記錄他對自然萬物的冥想。我在第七章提過，那些年來，我透過西洋棋反省思考，不再追求競爭得勝；深入鑽研道家思想正是產生這個變化的一大影響因素。

讀《道德經》讓我發掘出許多無法訴諸言語、文字的感受。我一直渴望能「挫其銳，解其紛……同其塵」①。老子的哲學注重內在精神，強調本質，而不是外在的表現。《道德經》

的智慧著重在排除那些阻撓我們獲得自然洞察力的窒礙，認清哪些概念是錯誤的，並拋開這些錯誤的概念。從美學觀點而言，我完全能夠理解老子的理論，因爲此時我已經在進行**習數以忘數**的練習。「學習」對我而言，便是追尋存在於技藝層次核心那個超越技藝層次的流暢境界。我發現自己和《道德經》的概念頗有共鳴，讓我相當興奮，而這些體悟在往後對我的人生有重大影響。而對於當時十八歲的我，《道德經》最重要的作用，是幫助我釐清如何去看待競技求勝這回事。《道德經》也促使我思考，除了那些我們被鼓勵去追求的所謂重要事物之外，哪些才是眞正重要的事。

在歐洲住了一段時間後，我回到紐約，想要更進一步了解古老的中國思想。一九九八年十月，在一位家族友人的推薦下，我走進「陳至誠太極學院」。太極可說是道家思想、冥想與武術的結合，而且陳至誠老師是現今世界上最偉大的太極大師之一。這樣的組合讓我難以抗拒。

在那個秋天的晚上，旁聽畢生第一堂太極拳，最令我震撼的是打拳不是爲了獲勝，而單純

①出自《道德經》第四章，意為「挫其銳氣，消解紛亂，調和光輝，混同塵垢」。

在於打拳本身。練習場裡的十二個人似乎傾聽著內心某種安靜的冥思，緩慢而一致地做出樸實無華的流暢動作。陳至誠老師用冥想內觀的方式，站在最前面，帶領眾人流暢輕緩地練習著套路。六十四歲的陳老師從外表很難猜出年齡，只能約略說他大概介於四十到八十之間。他精力充沛，絲毫不顯歲月痕跡。他的動作如夢幻般輕盈，彷彿身處雲靄之間。看陳老師打拳，好像全身上下每一根纖維都隨著某種奇特的電流而跳動。他的雙手推過空無一物的空間，然後收手回來，像是觸碰到空氣中最輕微的波動再收手回來。深遠、精準，一絲額外的累贅都沒有。樸實無華卻優雅無比。坐在一旁的我著迷不已，想要多學一點。

隔天我又回到太極學院，開始第一堂太極拳課。當我踏上地墊時，興奮得渾身起雞皮疙瘩。所有人都在熱身，左右轉身盪手，握拳的雙手拍打著下背部和腹部前後，過了一會，我才知道這是一種名叫「氣功」的運動。我試著跟上大家的動作，但我的雙肩卻相當緊繃。接著陳老師走進安靜的教室。他在教室前方站定，臉上略帶笑容。他深深地呼氣同時緩緩閉上眼睛，準備起式。意念漸漸引導入內，內在氣定神閒，四周萬籟俱寂，他的全身上下開始變得柔軟而輕靈。我聚精會神地注視著他。在靜止之中，陳老師的雙掌緩緩抬起，在他身上，如此簡單不過的動作都饒富深意。他帶領大家從太極套路的起式開始做。我盡可能照著做，對陳老師示範動作之奧妙歎服不已。他的優雅像是來自另一個世界，相形之下，我的動作顯得僵硬又笨拙。

十分鐘後，陳老師把全班分成幾個小組，與我同組的資深學生很有耐性地爲我講解太極拳的基本肢體運作原理。我們不斷重複練習頭幾式的動作，他告訴我要放鬆髖關節，吸氣入丹田，放鬆肩膀和背部。放鬆，放鬆，放鬆。我從不知道自己的身體是如此緊繃。多年來，我習慣俯身在棋桌邊，我的姿勢需要好好矯正一番。他告訴我，頭應該挺直，像是有條線懸吊著我的頭頂一樣。調整姿勢後的感覺挺不錯的。

接下來的幾個月，我學會了太極套路的基本六十式。我還是個初學者，有如學爬的嬰兒，但過去承擔舉世矚目壓力的雙肩，卻逐漸變得輕盈。西洋棋在這個太極教室的木頭地板上一點意義都沒有。這裡沒有攝影機、沒有電風扇，也沒有令人窒息的壓力。慢慢的，原本陌生的太極拳語言變得熟悉，成爲我的一部分。過去我曾經嘗試冥想，試圖冷卻一團混亂的思緒卻不得法。如今，當我的心緒愉悅地飄越時空，體內像是被按摩過一般舒暢。我逐步釋放全身上下每個部位的緊繃壓力，體會到過去不曾有過的身體覺知。輕微的酥麻感在指間跳動，我試著操控這種不曾有過的感受；發現在我極度放鬆的時候，我可以專注在身體任何一個部位，品味到過去完全不曾留意的感受，非常有意思。

從我來到太極學院的第一天起，我與陳老師的互動經驗就令我頗受觸動。他教學時話說得不多，但他的肢體傳遞了大量的訊息。他像是活在與常人不同的波長頻率間，置身於某種特別崇高的境界，而他一點一滴地和他人分享這樣的境界。他的談吐溫文儒雅，舉手投足間盡是深意，靜待準備好的學生去感知。很多寶貴的知識需要反覆思考練習後才能體會，隱藏在呼吸吐納之間，你或許體會得到，也或許根本沒注意——陳老師似乎都不以爲意。我很驚訝許多同學竟然忽略了老師低調而微妙的指導。

太極拳初級班的上課人數從三人到二十人不等，視時日與天氣而定。我最喜歡在下雨或下雪的週一至週五上課，因爲大部分人都不想出門，所以練習場裡只有陳老師和一、兩個勤奮的學生，簡直就像在上家教班一樣。但大多數時候，班上總有十來個學生，針對各自的缺失改進，讓動作更流暢。陳老師站在一面大鏡子前帶大家打套路，同時觀察學生的動作。他有時會笑談家庭趣事。他很樸實，沒有深奧花梢的言語，也不空口誇稱太極拳有什麼性靈上的神效。他並不要求學生像中國武術傳統那樣對他打躬作揖。他謙虛地說：「如果我做得到，你也做得到。」

陳老師常讓我想起拉祖維耶夫——那位像《星際大戰》的尤達一樣，鼓勵我走自己的路的俄羅斯西洋棋教練。陳老師擅長的領域雖然不一樣，但他對學生也抱持著同樣的教育理念，有時我在打套路時感到不順，陳老師站在教室另一頭，側著頭端詳著我，接著走到我身邊來。他精準地模仿我的體態，指著腿部或腰間某個仍然繃緊的部位，再親自示範要如何紓解束縛。他總是能找出問題所在。陳老師能準確模仿學生的動作，而且任何小細節都逃不過他的眼睛。他觀察人體，就像優秀的西洋棋手注視棋盤一般。學習太極拳時，最重要的就是「無罣礙」，這樣行拳時，身心才能一起順暢平和地流動。如果身體某一部分有了窒礙之處，那麼行拳時當身體走到限制處，意念也會產生阻礙，而干擾了拳架的溫婉流動之感。陳老師總是能一眼看穿我的心思停滯在哪裡。

一段時間過後，老師與我更了解彼此，師生間在練習時的互動也變得更加微妙。老師有時注意到我打套路時的小瑕疵，肩頭好像打了個心結似的。他站在教室另一頭朝我一瞥，模仿我的動作，再示範如何修正調整，隨後他又回到原先的動作，繼續帶著全班打拳。我照著指示調整，立刻感到壓力獲得釋放，彷彿有人幫我解開了背上的大結。陳老師或許會回過頭看看我是否注意到他的提點，也或許不會。如果我準備好了，我就會學到東西。不過，許多練習太極的學生只關注鏡子前面自己的表現，或是不耐煩地等著時間過去，他們爲此失去多麼寶貴的一課。全神貫注、聚精會神，才能在課程中得到收穫。所以在很多層面上，太極都是覺察力的練習。這樣的學習方法讓我獲益良多，但同時也淘汰了許多未能專注認眞的學生。我就曾在一堂受益匪淺的練習後，看到有些同學帶著無趣的神情離去，因爲他們期待老師一步步講解清楚，而不願用心去接收老師傳達的微妙訊息。

在這個階段，我的太極拳練習重點是呼吸和意念的協同。兩者間的關係是太極拳的關鍵要素，我覺得有必要在此花點篇幅向讀者說明。很多中國武術師父硬性規定弟子要遵照老派的呼吸法吐納。他們認爲某一門武術創造了一種較優越的吐納控制法，子弟應該嚴格遵行練習。對此，陳老師的看法比較保留，他認爲呼吸吐納應該循乎自然，或者更貼切地說，呼吸吐納應該回歸到現代人生活忙碌、養成壞習慣而承受莫大壓力以前的自然狀態。而我，就是這種累積了許多壓力的人。

在陳至誠老師教導的太極拳架裡，開展的動作（向外或向上）通常需要先吸氣，讓身心醒覺，能量飽滿之後才是外形。他舉了幾個例子來說明，像是當你和一個你很欣賞的人握手、睡得飽飽的醒來，或是同意旁人提出的構想時。通常在發生這些正面事件時，就是一種自己和內在呼吸的連結。就練習太極拳套路來說，我們要先「吸氣到指尖」，然後吐氣，讓身體全然放鬆，之後能量慢慢消退，就像是要睡著前所呼出的最後一口鬆沉之氣一般自然舒適。

不妨親身體驗一下：雙手掌在胸前心窩處相合，掌心距離約十公分。指頭不相碰觸，沉肩墜肘。吸氣時兩手掌慢慢順勢膨脹分開，往左右自然拉開，意念放在指尖，氣沉丹田。之後接著吐氣，手掌慢慢相合，意念往身體重心慢慢隨著氣息下沉。多做幾次，有助於呼吸與肢體的能量結合，並體會鬆沉之勁。反覆練習幾次，看看有什麼感覺。

在我的經驗裡，當吐納的原理與太極套路動作相融時，練起太極拳就像岸邊潮水漲退一般，浪濤湧上沙灘（吸氣），接著海水退回水面（和緩而充分地吐氣）。大多數人注意到浪起時多麼旺盛有力，事實上退潮的精妙也令人深深歎服。

陳老師認爲，讓我們無法保持平靜、健康和專注當下的一大障礙，就是我們自然呼吸的模式常被打斷。一個突發念頭、電話鈴響，或汽車喇叭聲打斷了吐氣。氣還沒吐完就中斷，然後必須重新開始吸氣，導致我們的呼吸變得短而淺，無法徹底將毒素排出體外，使得細胞未能接受足夠的純氧。太極冥想的好處極多，其中之一就是讓自己不受阻礙地獲得充分的氧氣。

不論困擾我的問題究竟是不良的呼吸模式，或只是單純的壓力，我開始練太極的幾個月以來，生活品質改善了不少。沒想到培養出觀照身體的能力，竟然對我的生活有這麼大的改變，實在不可思議。只消稍事調整肢體動作，就可以化解疼痛。如果我覺得壓力過大，練練太極拳就能平靜下來。我找到了幫助我調適外在壓力的內在機制。

更深一層來說，太極拳讓我將不同的個人特質連結起來。我向來愛好運動，但也從事心智活動。童年時期的我專注在西洋棋，投入充沛的熱情，身體與心靈都融入其中。當我與西洋棋漸行漸遠，身體的直覺與心智上的訓練大唱反調。我覺得自己被困在腦中的泡泡裡，像是籠中困獸一樣，現在我學會把生命中的各種要素有系統地重整在一起。一九九九年初，陳老師邀我晉級去推手班上課。當時的我渾然不知，他的邀請竟然改變了我的人生。

學習的王道

全神貫注、聚精會神，才能在學習過程中得到收穫。

10 勝由敗中求

先學會輸，才有機會贏。

當陳老師要我晉級去上推手班時，我心裡有兩種想法：練拳至今，太極拳就像我的避風港。我和太極的關係很親近，而且冥想練習爲我的生活帶來許多好處。我擔心要是接觸了太極的武術部分，會破壞當初練太極拳的目的。我不想與人衝突對立，因爲我在棋桌上與人對打的經驗已經夠多了。然而，進一步想想，學推手似乎是自然的進展：我已經能夠在自行練習太極拳時保持放鬆，接下來的挑戰是在越來越大的壓力下仍能保持、甚至加深放鬆的狀態。從我所閱讀的資訊看來，太極拳武術的精髓不在於與對手廝殺，而在於與對手的能量融合，順勢而發，以柔克剛。這個理念十分神祕又有趣，而且或許可以應用在日常生活中。這麼說來，還有什麼好猶豫的，於是我便加入新的班級。

上第一堂推手課時，我覺得自己像是到了一所新的太極學院。上課的場地就在過去初級班上課的同一地點，同樣的木頭地板，但感覺上似乎一切都不一樣。我身邊全是新面孔，練習場的氣氛更多了些武術的味道。陳老師的進階弟子分散各處，或做伸展運動，或打沙包，或帶著神祕的姿態在旁冥想。我完全不知道這堂課會發生什麼事。陳老師走到教室前方，我們用了大約六分鐘的時間打完套路，這是每次開始推手練習前的熱身。接著所有學生兩兩成對，各自散開練習。陳老師走過來，拉著我的手臂，帶我走向場上無人之處。他提腕，用眼神示意我照做。我們兩人同時跨出右腳成右弓步向前，接著我們的右手腕外側輕輕相抵，是爲搭手。他要我往前施力推動他。

我向他的手臂與胸部施力，但完全沒辦法推，感覺好像在推一團輕飄飄、空蕩蕩的東西。他像是被推開了，其實文風不動，仍然帶著同樣平靜的表情站在我面前。我再試推一下，這次他依然毫無抵抗，卻似乎把我往前拉。正當我試著穩住腳步時，陳老師不過微微動了一下，就把我彈飛了。這眞有趣。我們又多練了幾回。說起來，推手就是要讓對手失去平衡，而我把小時候打棒球的反應派上用場。老師都已經六十四歲了，而我是個年輕的運動員，這應該一點都不難，但陳老師不費吹灰之力就制伏了我。他挑動我的神經，而我覺得自己像是表演月亮之舞般，隨他的意四處飄浮，碰不到地面。有時候我覺得他穩如泰山不可動搖，但有時他的身體一下子鬆軟得像一團雲，實在驚人。

過了一會，陳老師開始教我一些概念。首先，他輕推我的髖關節，提醒我在太極拳套路裡，「鬆胯」——也就是髖關節放鬆——是很重要的。他又叫我推他的肩膀，接著又慢慢示範如何讓肢體像雲一樣柔軟。如果我推向他的右肩，他就緩緩抬起右掌，輕點我的手腕，巧妙的將專注點自他右肩移開。我們之間幾乎沒有碰觸到，但足以讓我感受到一種潛在的眞實，吸引我往前探去。我繼續推時，他的肩巧妙地化除了在他和我的手腕相搭之處所產生的一種微不可覺的阻抗力量。重點是他將我的力量由右肩轉向右手腕的方法如此巧妙，以至於我完全沒有意識到。慢慢的，我的手越伸越遠，因爲我總覺得就快碰到他了，結果在我還沒來得及反應前，就已經嚴重失去平衡，往另一個方向跌去。如果我慢下來，開始試著注意自己身形過度開展的重心所在，那他也會緊跟著我想要修正動作的意圖，如膠一般緊黏著我不放。等到時機出現，他就運用他雙臂蘊含的一種沉靜含蓄的膨脹擴充來增加我的順勢動力，這力量彷彿是來自意念，而非來自身體，這完全挑戰了過去我對力量產生的理解。毫無防備地，我從他身邊彈開。看到他不費吹灰之力就造成如此大的效果，實在令人感到詫異。

從那堂不斷被彈飛的推手課起，我就對推手著了迷。推手藝術無比微妙，富有深遠的含義，我很快明白這個過程與我學習西洋棋的經驗有相似之處。但我還有好長的一段路要走。

首先，我得先了解太極藝術的根本。以《太極拳論》的語言來說，推手背後的武術哲學就是「四兩撥千斤」。陳老師的手腕與我推出的手之間微乎其微的接觸，正是「四兩」的寫照。不過在太極這門功夫，這個原理還有許多不同的演繹變化；有些是肢體的，有些則是心理方面的。迅猛的攻勢砸在一團棉花上適得其反。我想最能說明這個概念的，就是「史努比」卡通裡，露西一而再、再而三地在查理·布朗舉腳準備踢球時，一把搶走球的畫面。可憐的查理總是因收不住腳而猛地摔倒在地。學太極拳的人必須學會快速反應和自然地閃避各種可能的攻擊。問題是我們慣於繃緊自己，隨時準備抵抗外力或敵意。在學會不閃不抗拒的肢體機制前，要先去除固有的肢體反應。這可眞是知易行難的課題。

你不妨試試看：站直身子，雙腳站穩，定住不動，想像自己站在懸崖邊。找一位朋友輕推你的身體，並且朝著你試圖避開的方向繼續施壓，直到你雙腳移動爲止。**進行時動作盡量放輕、放慢，避免受傷**。我猜，你的肢體反應是高度戒備，想用身體頂回去，並且試著讓雙腳保持不動。

現在，你已經知道「不抵抗」的概念了，不妨試試看，在對方推你時毫不抵抗，移動的速度也不能比對方快。除非你是練家子，否則這種想法聽起來違反人的自然反應——若是面對敵人的攻勢，要往哪裡閃躲？你或許可以試著將重心移到後方的那隻腳上，但如果你的練習夥伴跟著轉移攻勢，那你就無處可退了。到這個地步，你就會抵抗。如果練習夥伴或對手居上風，或是氣勢勝你一籌，你就無法抵擋不斷進逼的力量。

還好，我們用不著在懸崖邊緣搖搖晃晃地練習推手，失去平衡不會造成悲劇。雖說如此，對於練習推手的學生而言，最大的挑戰之一，是要能拋開自尊，能忍受自己在學習**不抵抗時**，被對手拋來丟去。有個大個子到武術館去學拳，被人推了一把，一心想要回擊，證明自己是個硬漢。問題是這樣做並不會讓他學到什麼東西。他若是想要有所長進，就得先放棄原有的心態。他必須先學會輸，才有機會贏。大塊頭必須先讓小傢伙把他打得東倒西歪，直到他學會使用發達的肌肉以外的技巧。陳老師稱這叫做**勝由敗中求**。在推手來說，就是讓自己能被人推來摔去，卻不再落入過去試圖反抗的壞習慣，訓練自己在身體尚不知道該如何面對外力或不由自主想要緊繃的時候，還能夠保持柔軟，接受新的東西。

在人生這個階段接受這樣的訓練，對我而言時機再恰當不過。我並不在意被摔飛出去——推手課正是訓練謙卑的時候。我和陳老師的高段弟子對練，常被摔得四處飛。他們速度很快，使我反應不及，他們的攻擊就像尋熱導彈一樣準確。我才剛化解了一記攻勢，下一招已不知從何方襲來，轉眼我已經被摔了出去。陳老師觀看我們的練習，給予我們細微的指正。每一天，他教我一些新的太極原理，並且修正我的基本動作和對技巧的理解。我覺得自己像是一塊柔軟的黏土，被慢慢捏塑成形。

週復一週、月復一月，我全心全力投入練拳，進步神速。我和其他初學者對練時，已經能快速找到對方身體的緊繃部位、對準目標，有時我在對方朝我施展招式時，依然保持完全的放鬆。當我開放心懷去學習，沒有自我在前面擋路時，卻有許多同學似乎都僵化了，不斷重複同樣的錯誤——因爲不敢放棄舊習慣，所以不斷重複同樣的錯誤，無法進步。當陳老師提出建議，他們會解釋自己的想法，試圖替自己辯解。「不能接受自己有錯」的心態，禁錮了他們。

我一直深信，不論是哪個領域的學習者，只要能避免重蹈覆轍——不管是技術面或心理面的錯誤——一定能脫穎而出，成爲該領域的佼佼者。當然這只是理想的假設，因爲我們往往會犯同類型的錯誤，或許是因爲有許多錯誤的類型並不是那麼明確，也不容易辨識出來。例如我過去下西洋棋時，並不知道自己在面臨心理或棋局上的轉變時容易出錯，直到我花了好幾個月研究，才找出這個模式。所以我們應該多留意自己常犯下哪些心理性或技術性的同類型錯誤，才能避免一犯再犯。

在我西洋棋生涯的最後幾年，我對西洋棋越來越感到疏離。壓力讓我思緒混亂，而我深陷其中，就像我在推手課上看到的那些學生；他們不懂得從錯誤中學習，只在意自己是不是對的、自己是不是贏了別人、所有事情都如自己的意。這樣的心態一定會阻礙成長，練太極也變得毫無樂趣。剛接觸太極拳那幾年，我的目標是敞開心懷，接收點點滴滴的資訊，盡力自每個錯誤中汲取教訓；不論是我自己犯的錯，還是夥伴的，每一堂推手課都是一次新的啓示。幾個月後，我已經可以和大多數學習推手好幾年的師兄師姐過招。

剛開始學推手的那段時間收穫特別多。在吸收太極拳基本功的同時，我對西洋棋的理解也在練習推手的同時逐漸加深。我有很多參加比賽的經驗，因此我特別善於運用戰略。我能注意到對方姿勢的破綻，就像我能拆解西洋棋的布局一樣。我組合幾種不同的招式，讓對手反應不過來。見招拆招也是我的強項之一，我可以很快地擷取對手的行動軌跡，做出反應。

習拳的時間日積月累，我的練習越來越有意思。我學會如何在雙腳站穩不動的情況下化解攻勢。這種感覺很奇妙，好像我不只是站在地面上，還將根埋入地下。要做到這一點，關鍵在於放鬆髖關節、身體保持彈性，像是一種身體的基本技能來訓練，這樣才能藉由你的身形來纏繞下沉，且輕鬆地吸納來自對方的攻擊力量。在訓練自己根基穩固的過程中，我覺得自己像一棵大樹，樹梢隨風拂動，但下端扎根穩固。隨著時間累積，我逐漸能將太極冥想發揮在推手練習中。當我與對手交手時，很自然地運用套路的技巧。有時候，練拳的對手會在我沒有刻意出手的情況下摔出去。這眞是不可思議，但這是經過系統訓練後的自然結果。

我先前曾提過，太極拳的一大重點，是透過冥想形式的反覆練習來釋放肢體的緊繃，具有清除干擾的效果。現在，加上在套路運動中的呼吸與之協調，你擁有的是身心同時由靜生動所激發出來的充沛能量。多加練習後，靜會變得益發深遠，而由靜轉動的勁力更是驚人。由虛靜無有轉爲充實飽滿的能量，正是太極拳能量充沛的力與勁的來源。發勁時，體內的感覺是由地一路傳到手指，暢通無阻。太極高手出手快速，動作流暢，反應敏捷——就某種程度來說，正是拳王阿里所謂「輕若蝶，刺若蜂」的實現。

在我吸收這些心得的同時，我也持續和程度超越我許多的師兄、師姐練習。其中有一位師兄，我們姑且稱他爲艾文，是個不受控制的大塊頭。他身高將近一九〇，體重九十公斤，具有空手道黑帶二段資格，還練過八年合氣道，和八年的太極拳。陳老師只讓艾文和那些足以招架他的侵略性攻擊，而且不易發怒、緊張和受傷的學生練習推手，但即使是這樣費心安排，艾文還是常在練習中挑起衝突。後來陳老師覺得我練得差不多了，就開始讓我和艾文配對練習。

與艾文練習推手還眞的是「勝由敗中求」！暫且撇開自尊不說，被當成沙包摔並不好受。在我還沒來得及看清艾文發動什麼攻勢，我已經被打飛，整個身子貼在牆上，雙腳離地快半公尺。在高階的太極練習中，原則上學生應該在對手失去平衡時就立即停手，但艾文完全不理這套規矩，他喜歡把對手打趴在地。一週又一週，我在一堂接一堂的課上承受艾文的重擊。不管我如何努力化解他的攻擊，就是閃躲不過。他的速度實在太快，如果我看不到他的攻擊，又怎麼能避得開？我知道自己應該要避免緊繃，但當他攻向我時，我整個身體還是忍不住緊張起來，準備吃他一記老拳。被一台卡車連連撞飛幾十次的情況下，我不知道該怎麼放鬆地運用拳術。我覺得自己像艾文的沙包。基本上，我只有兩個選擇：我不去上課，避開艾文；或者，每堂課都被痛毆。

艾文狠狠修理了我好幾個月，我承認，在不斷被打飛的情況下，很難奢言「勝由敗中求」。我們兩人練習推手的教室一角的牆面因爲撞擊過多而掉了不少漆。我每晚一跛一跛地走回家，全身瘀青，懷疑著我心中平和的冥想避風港到底出了什麼問題。但沒多久，奇妙的變化出現了。首先，隨著我習慣了艾文的攻擊，我不再害怕落在我身上的重擊。我的身體對於被拋來摔去的撞擊產生彈性，學會如何吸收他的力道，我知道自己耐得住他的重手。接著，我慢慢能在艾文發動攻勢時放鬆一些，他的快招在我眼中似乎變慢了。我注意到自己可以在他出手前，就知道他會出什麼招，學會在他動手前就先閃開。我也開始注意到他的弱點並且加以運用。有時候，我甚至平靜地看著他的雙手慢動作般在我面前揮舞。

總算有一天，我和艾文之間的對練出現了大逆轉。到這個時候，我的訓練非常嚴格而密集，也已經贏得幾次中量級全國冠軍，正在準備參加世界冠軍賽。艾文已經很久沒和我配對練習了，因爲打從我練習有進步，他就開始躲我。但那一晚，陳老師要我們倆捉對在墊上練習。艾文像頭公牛般衝來，我直覺地避開他的攻勢，還把他摔在地上。他起身，再次衝向我，而我再度把他摔倒在地。我很驚訝，自己竟然能夠如此輕鬆地撂倒他。如此反覆交手幾分鐘後，艾文推說他的腳不舒服，不肯繼續練。我們握了握手，而他從此不再與我對練。

回想我們的練習，我想艾文的行爲其實並無惡意。說眞的，他人還不錯。他不多廢話、全力猛攻的武術訓練態度，讓我獲得寶貴的學習機會。如果我一開始只知道愛面子，那我必定會避開與艾文練習的機會，和隨之而來的皮肉之苦。而高大強壯的艾文對武術菜鳥充滿威脅，但他強勢猛攻的風格，卻也使他無法吸收武術中較爲巧妙細微的心得。更重要的是，艾文不願意讓自己由敗中求勝；他其實可以把我的進步當作讓自己更上一層樓的機會，但他卻選擇就此放棄。

回想起過去參加西洋棋比賽的日子，讓我更能體會**初學者之心**和**勝由敗中求**的意義。每隔一段時間，我就會碰到必須將棋局拆解開來，重新走過艱難的學習過程的時刻。不論在哪個領域，表演者一定有蓄勢待發的時候，或許也有軟弱、浮沉、挫敗的時候，甚或面臨成長蛻變期。在這個階段，學習者難免比較脆弱，因此保持樂觀極爲重要，並且要留給自己一段不受干擾的沉潛耕耘期。一個只會右手出拳卻無法出左拳的天才拳擊手，一開始練習使用左拳時，難免會被打得很慘。高中籃球校隊明星球員過去紅遍全校，但進了大學要學著打控球後衛的位置，要學會靜觀全場，與隊友互相合作，帶動隊友的最佳表現。如果一個年輕運動員期望在新體系的頭幾場球賽就有優秀的表現，那他定會大失所望。在他能有所進步之前，他必須要花時間吸收、消化剛學到的技巧。同樣的道理也適用於正在適應新的開局戰術的西洋棋手，或是正在學習新技巧的武術選手，或是高爾夫球選手——例如老虎伍茲，他把自己的揮桿動作拆解開來逐步分析，以達到長期的改善。

我們要怎麼將這些概念融入現實生活？在職場等競賽舞台，個人表現不可能不重要。在你還是個初學者的時候，保持「初學者之心」做到「勝由敗中求」都不是太難的事情，但當有人注意你、期待你有所表現時，你就很難保持初學者的謙卑與對學習的開放心態。這是實在話。當年在電影《天才小棋王》上映後，我在棋桌上就面臨了這個問題。在心理層面來說，我沒有給自己足夠的空間去學習「勝由敗中求」。

我認為，我們必須採取開放式的**增長智力學習法**，容許自己有一些並不處於巔峰表現狀態的時候。我們必須為自己負責，不能期待世人了解你需要付出多少努力，才能達到自己的最佳狀態。偉大的人物願意在鑄成寶劍的過程中，一而再、再而三地承受烈火的淬煉。想想麥可・喬丹。眾所皆知，喬丹在球賽最後一分鐘投籃得分、為球隊贏球的成功紀錄，遠超過NBA史上任何球員。但很少人知道，喬丹因為最後一分鐘投籃不中，以至於球隊未能反敗為勝的紀錄，也遠超過NBA史上的任何球員。讓喬丹成為出色球員的原因並不是完美的表現，而是樂於承受挑戰的態度。在那些投球不進、讓全場幾萬個球迷敗興而歸的夜晚，他是否輾轉難眠？當然。但他願意在追求球壇永恆地位的過程中，承擔敗戰的罪名。

學習的王道

在學習過程中，總有蓄勢待發、成長蛻變，以及沉潛耕耘的階段。不妨容許自己有一些並不處於巔峰狀態的時候，把失敗當成更上一層樓的學習機會。樂於接受挑戰的態度，才能造就日後出色的表現。

11 畫更小的圓

讓我們攀上高峰的不是奇招，而是熟能生巧的基本招式。

當我追尋西洋棋、武術，以及廣義的「學習」過程中貫穿的核心原理，頗受到波西格（Robert Pirsig）的著作《萬里任禪遊》（*Zen and the Art of Motorcycle Maintenance*）的啓發。我始終難忘引導了我往後多年學習方法的一幕。小說裡的主人翁費卓斯是個有聰明才智又特立獨行的男子，指導一個女學生寫作。女學生對著指定作業一籌莫展：以五百字介紹自己居住的城鎮。她一個字也寫不出來。這個城鎮這麼小，如此無關緊要，能有什麼趣事值得大書特書？費卓斯稍微調整題目，讓女學生拋開心理障礙。費卓斯要她描寫坐落於無聊小城的小社區裡的小街上的學校教室外的歌劇院。費卓斯建議女孩從左上角的一塊紅磚開始寫。女孩一開始半信半疑，但隨即文思泉湧，欲罷不能，後來她交出洋洋灑灑的二十頁文稿。

我相信，這個小故事足以說明，在追求卓越的過程中，成功者與失敗者的心態有何不同。深度的重要性甚於廣度。學習的原理便是探究微小的細節，再合而觀之，綜覽全局。然而，現代人置身於只有短暫注意力的文化環境。電視、收音機、行動電話、電子遊戲和網路，不斷傳來一波又一波的訊息轟炸我們。源源不斷的刺激似乎讓我們上了癮，永遠渴望有新的資訊和娛樂。當沒有新鮮事發生時，我們會感到無聊乏味，精神渙散，與現實脫節。所以我們不斷尋找新的娛樂，不斷切換頻道，拿起雜誌翻來翻去。如果陷入這樣的生活節奏，就變得有如隨波逐流的小魚，在寬廣的水面飄蕩，全然不知海底深處有一片美麗動人的迷宮。這些由社會環境造成的傾向，若是融入學習的過程，會產生嚴重的影響。

讓我們回到武術的主題。我知道很多人會把武術與「傳奇」和「電影」聯想在一起。我們想到忍者在黑夜裡穿梭，或電影《臥虎藏龍》裡英雄好漢飛簷走壁的身姿。我們看銀幕上范達美的飛踢和成龍的空翻。我們看著那些靠著精巧的鋼絲與特效拍攝出的招數，而有些人在電影散場時，渴望自己也能做出那些神乎其技的動作。這樣的想法導致學習武術最常見的錯誤觀念：偏重形式。許多「功夫學校」教授一些花梢的套路或特別編排的招式，以學生會打多少種套路來評鑑學生的程度，無疑讓這個問題更爲雪上加霜。每個人都搶著要學更多招數，卻沒有眞正下工夫去學個透徹。表面看來架式很漂亮，卻沒有好的基本功或是依據原理打下的根基。到頭來沒學到什麼高階的學問，只會很多套華而不實、毫無實際武術價值的花拳繡腿。

我的學習方法不太一樣。打從一開始，我就感覺到太極拳的動態冥想具有主要的武學目的，讓習武者得以藉由不斷演練去修正某些最基本的原理①。你只需要站好，擺好架式，慢慢修正一些最基本的動作，就可以探索許多基本原理——例如雙手向上推高六吋；這樣簡化的練習就足以感覺到體內最輕微的波動。你會意識到雙腳、腿部、背部和肩膀所隱藏的緊繃。接著你循序漸進，一小時又一小時，月復一月地反覆練習，釋放你的緊張。隨著緊繃逐漸消退，取而代之的是全新的感受。你學會導引體內的覺察力，很快的，手指頭帶著酥麻的感覺靈活了起來，腳上傳來的熱竄上背部，通過雙臂。太極拳系統其實就像是一個可以讓人內化健康基本法則、釋放緊繃壓力，以及培養充沛覺察力的綜合實驗中心。

我每天勤練太極好幾個鐘頭，有時會不斷重複演練套路中的某些段落，鑽研某些技巧，

①例如：藉由放鬆髖關節轉移重心；益發深沉的放鬆；身、心和吐納間的協調；內力的覺察；纏絲勁；將來勁導入地；扎根；放空身體某部分的同時，將身體另一部分注入能量。

同時修正基本動作並加強放鬆。我專注在小動作上；有時花了好幾個小時，只是練習將手向外推幾吋，再把手收回。手往外推時充滿能量，從足部到手部相連的阻力越來越小。這樣的練習法強化了我對太極的**感受**，我可以將之演繹到套路的其他部分。就這樣，整組套路的流暢度提升了。關鍵在於，我體認到，讓一個簡單技巧可行的原理，其實也正是爲整個太極拳系統注入能量的同一套基本原理。

這個方法與我早期學西洋棋的方法很類似。當時的我先從複雜度降低的殘局布局開始學起——例如棋盤上只剩三個棋子：「王兵殘局」——以求了解高層次的原理，例如適當運用棋盤的空格所能產生的優勢，如何讓對手陷入進退兩難的局勢（zugzwang），以及節奏或結構的規畫。一旦我體會出這些原理，就能運用到複雜的布局裡，因爲這些原理都已經深植在我的心理架構中。但如果你一開始就先學複雜的開局或中局，只顧著推敲複雜布局的微小變化，反而會陷入「絕不能失手」的壓力，也因此我們便不能以開放的心態來綜觀棋局的精妙。一個花式滑冰新手一上場，就被要求學跳空中旋轉三圈半來練習放鬆，是很荒謬的事情。她應該從滑行、迴旋、輕鬆的倒退滑行開始學，接下來才能逐漸練習更多複雜的翻轉動作，同時仍能像當初學習基本動作時一樣自在。

因此，在我的太極練習中，我不斷反覆演練，試著體會小動作的細微差別。我只練陳老師教的套路，而且我將套路的動作一一拆解開來，吸收箇中原理。每一天，我在家裡做這種巧妙的練習，晚上到太極學院試驗成效。要看出自己的心得有沒有效其實很簡單，因為與艾文這樣的武術高手對練，兩人中總有一人會被摔飛到牆邊去。在這些激烈的練習中，花梢的招式完全不管用，兩人交手如電光石火般迅速，也根本沒有美化招式的餘地。我很快就看出來，接下來的成長目標是要讓現有的技巧更具威力，該是我把剛體會到的**拳感**加以發揮應用的時候了。

武術精湛的高手過招其實和好萊塢電影的打鬥場景大相逕庭。真正的高手動作並不浮誇，而且他們猜得到對手的招式。電影裡的迴旋踢其實派不上用場，因為這類花梢的大動作太拐彎抹角，不能馬上擊中目標。相較之下，拳擊的猛擊有效得多了；因為距離短、速度快，而且基本架構又好。

所有練家子都會面臨的挑戰，就是要讓他們豐富的技巧都具有直拳般的效率。我觀察陳老師與人過招時，他的動作如此低調卻富含威力。有些人相當推崇這樣的能力，稱之為「氣」，而我想一探究竟。下一階段的武術精進目標要練習「由大化小」。本著學西洋棋的**習數以忘數**精神，我認為要讓武術造詣更上一層樓，就要深入某個技巧的內涵（例如，細緻地推敲肢體動作），然後逐漸簡化技巧的表現形式，同時仍忠於其精髓。久而久之，外在的動作越來越小，但勁道卻益發增強。我把這個練習法稱為「畫更小的圓」。

讓我們把波西格由小至大的磚頭寫作法與我的**畫更小的圓**練習法兩相結合，看效果如何。假設我正在練習某個武術技巧，例如正統直拳。我左腳往前站，雙手舉起與頭同高以保護臉部。直拳是由左而來，前手出擊的短擊。它的勁力是從地面經我左腳掌而產生，向上穿過左腿、身軀，斜穿上至右背，再穿過肩膀、三頭肌，最後從我右手的第二和第三指節送出。首先，我反覆以慢動作練習。練習時必須要能從慢動作先做好，接下來才能進一步要求自己做得又快又好。我放鬆左髖關節，擰轉它，在左腳與左髖關節轉動腰身與上半身的當下，讓右手出擊。

剛開始練習時，我的肩膀或背部繃得很緊，但我慢慢放鬆，不斷重複練習，直到掌握正確的基本動作。一段時間以後，我不會去想由腳到拳的路徑，只感覺腳下的地和手指連在一起，彷彿我的身體是電流通過的導體。到了這個階段，我開始加快練習速度，弓身到出擊，反覆練習。接下來，我拿沙袋練習，增加技擊技巧的力道，加強身體的抗阻力，以求能在不對自己造成傷害的情況下使出更大的勁道。我的纏絲勁越來越強，有時候一拳擊在沙袋上，發出啪的一聲。這是一個危險而且關鍵的時刻。當出拳對準的是實體目標而不只是對空出拳時，我可能會因爲過度興奮而把肩部也伸展出去。這是非常典型的錯誤，讓我的身形出現破綻，也破壞了由足部到指尖的連結——很多拳擊手都因這個錯誤而受了肩傷。我想要做到「拳亦無拳」，完全不刻意的出拳。陳至誠老師有時讓學生用倒茶來學出拳。這是很棒的指導方式。

倒茶能創造出完美的一拳，因爲人的意念不會變成技擊的阻礙。

說到這，我已經花了幾星期、幾個月（甚或幾年）的時間磨練我的右直拳。我知道該如何適當的腰轉；當我擊中沙袋時，身體不覺得痛，也沒有失去身體重心結構，感覺這力量是來自於地面而只是經由我的拳頭去擊中沙袋，而且我的動作非常平順、放鬆。反覆練習腰轉技巧與纏絲勁，在動作運轉中放鬆肢體，讓我的功力加強不少。當我出右拳時，我不用思考任何關於出拳技巧的問題，我的身體自然知道正確的感覺、做出動作，不需要意念前導，一切發乎自然。看來我已經學會如何擊出右直拳，但並不眞的是「學會」。

問題在於，太極高手除非表現失常或面臨措手不及的情境，否則很少會被一記沒有任何技巧可言的直拳打中。直拳實在太顯而易見了，所以我們就需要**畫更小的圓**理論來輔助。習武到此，出拳的肢體機制已經在我心中凝鍊成一種**感覺**。我不需要聽到或看到任何出拳的效果——我的身體藉由內部的和諧感就可以知道動作是否正確。打個比方，訓練有素的歌手經過多年經驗累積，熟悉每個樂音在體內的共鳴感。有一次在演唱會竟然碰上突發狀況——現場音效其差無比，她在台上根本聽不到自己的歌聲。這位優秀的表演者仍然有辦法在什麼都聽不到的情況下，爲觀眾帶來高水準的演出，因爲她知道唱出每個音符時應該要有的**感覺**，哪怕她的耳朵——也就是她表演時的主要監視器——暫時收不到訊號。

如同這位歌手知道「對」的感覺爲何，我也知道正確送出一記拳時該有什麼樣的**感覺**。

現在我慢慢收斂我的動作，但仍維持出拳的**感覺**。我用髖關節的大壓縮和一點點的纏絲勁力之後，就釋放能量出拳。以前我的拳可能是從耳邊出手，但現在我可以逐漸將手伸長、直逼到對手身邊才出拳，而力道一分未減。我能做到這樣，關鍵在於一次只求推進一小步，因此身體幾乎感覺不到這種刻意縮減動作的練習和先前有何差異。每一個細微的修正，背後都有經年累月練習標準大動作所累積的出拳的**感覺**爲基礎。雖然推進速度緩慢，但我的動作必然更具爆發力。我微微扭腰便可產生需要的速度；我的手輕輕一揮就發出有力的一擊。練到後來，我可以輕鬆發出看來一點也不像直拳的直拳。讀者倘若曾看過泰森或拳王阿里幾位拳擊界最具爆發力的拳擊手比賽實況，你甚至得反覆看慢動作重播，才看得清他們何時出拳、如何出拳，把對手擊倒在地。他們把動作由大化小，讓外行人根本看不出他們何時出招。

在西洋棋也有類似的現象，十分有意思。舉例來說，「中央控制」可說是最根本的西洋棋原則。不論實力如何，掌控了棋盤中央的競爭者通常在棋局中占上風，因爲這個位置足以影響全局。奇怪的是，如果你細讀許多特級大師的棋譜，他們在比賽時卻又似乎完全無視這項原則。英國知名棋手亞當斯（Michael Adams）可說是最好的例子，他下棋時，棋子常都是布局在棋盤邊側，而且常輕易讓對手主宰棋盤中央，然而到頭來他還是照贏不誤。亞當斯知道如何在看來對中央毫無控制的情況下掌握棋局中心。他畫的圓如此之小，連與他交手的特級大師都常毫無所覺。

畫更小的圓這個概念，一直是我在學習西洋棋和武術過程中的關鍵要素。這兩個領域的高手都容易落入講究花梢招式的窠臼，而無法體會到，精細入微地吸收心得與不斷修正技巧，遠比學了多少招式來得重要。我認爲自己之所以練習太極拳不過短短兩年，便能在二〇〇〇年十一月贏得全美推手冠軍，有一部分要歸功於這個**質勝於量**的體認。我相信很多對手的太極拳知識遠超過於我，但我對於自己所知的部分卻能夠做到融會貫通。我學會將肢體動作凝鍊到充滿爆發力的狀態，而我大多數的對手卻仍施展著中看卻不甚中用的招式。在激烈的競賽中，獲勝者的技巧略勝眾人一籌是不爭的事實。讓我們攀上高峰的不是奇招，而是熟能生巧的基本招式。不論何時，深度永遠都勝過廣度；因爲深度爲我們的潛力開啓一條管道，讓我們得以發揮其中無形的、下意識的，以及富有創造性的元素。

學習的王道

「畫更小的圓」，就是把大動作拆解成幾個小動作，然後不斷演練這些小動作，慢慢修正，直到能逐漸簡化外在形式，卻不失力道。久而久之，外在動作越來越小，勁道卻越來越強，讓對手猜不出你會出什麼招。

12 化逆境爲轉機

每次從創傷中痊癒或經歷一場敗仗後，你都要比之前更好。

二〇〇一年九月
黃飛鴻盃全功夫錦標賽重量組決賽

一百多公斤重的巨漢齜牙咧嘴，抬起手腕和我搭手準備進行推手比賽，汗流滿面的他散發出憤怒的氣味。這個大個子是個戰績輝煌的好手，這次大賽他有不少熟人。他想要把我撕得粉碎。裁判站在場中，讓我們分開回到休息區，各自準備以進入第二回合。我深吸一口氣，感到熱血充溢全身，腳底下輕飄飄的。

再過七個星期，我即將挑戰衛冕全美太極拳中量級推手冠軍。爲了加強額外訓練，體重只有七十七公斤的我，跨組報名參加這個地區性錦標賽的超重量組比賽。此時或許不是實驗的好時機，但我很想知道，要是和比自己塊頭大很多的選手強碰，結果會如何。

第一回合，我讓大個子的蠻力毫無用武之地，還借力使力。大個子被惹毛了，幾乎抓狂，急欲發動攻擊，結果卻失去平衡。裁判示意第二回合開始，對手朝我發動兇猛的攻勢，但當我極力讓自己放鬆下來，對手的攻勢在我眼中卻一下子變成慢動作。太極拳要學習者「借力使力」、「引進落空，四兩撥千斤」，但是當具有深厚功力的對手朝你發動攻勢，借力使力實在是說來容易做來難。當大個子的左手揮舞而來時，我的肩膀向後一閃，他出拳落空，但緊接著他的右拳朝我的腹部打來。我在重拳落下前及時閃開，抓到他的右肘，順勢推出，下一刻他被甩出去，在空中轉了兩圈，才在幾公尺外穩住腳步。他甩了甩頭，又朝我衝過來。比賽只剩一分鐘，只要撐下去我就獲勝。他向我攻來，我向一旁滑開，察覺到我讓他失去平衡，但說時遲哪時快，他的肩頭撞上來，我聽到喀嚓一聲，我的手掌如冰火交攻般火辣疼痛，我知道手一定骨折了。手部的痛楚讓我更深入專注，時間的腳步慢得像是靜止下來一樣。我沒讓他發現我受了傷，不動聲色地用另一隻手應戰。賽後，從錄影帶上看來，他的攻勢如彈雨般急促，但當時的我卻感覺對手的攻勢像雲霧一般和緩。我輕輕鬆鬆地閃避和化解攻勢，將對手的每個動作放大，抓住他的破綻趁隙追擊。幾乎不需思考，只有全然的專注和純粹的流暢——就像西洋棋一樣。

這個武術生涯中的關鍵時刻，讓我回想起多年前在印度參加西洋棋錦標賽的那個下午，使我對棋局豁然開朗的那場地震。兩者的共通點是，突發狀況被轉化為提升表現的動力。在印度的西洋棋賽，天搖地動讓我的思緒頓時清晰無比，幫助我找到解開棋局的關鍵。而在推手比賽，手受傷使得時間在我心中慢了下來，進入意識的絕佳狀態。在本書第五章，我曾提到韌性強的表演者如何因應外在的干擾，可以分成三個階段：首先，我們要學會坦然面對意外的阻力；當時我用颶風中折彎的草葉與受壓時不堪一擊的脆弱枯枝來比擬。其次，我們訓練自己將阻力轉化為自身的優勢——例如，隨著擾人音樂的節奏思考，或是利用地震造成的晃動啓發深入的見解。接下來，第三個步驟便是，學會刻意製造起伏的漣漪，和鞭策我們向前的小波動，讓我們不論是否有外在的激勵條件，都能進入意識的絕佳狀態。如果一開始地震或手受傷這樣的意外讓我獲得清晰的靈感，我想以這個經驗作為日常生活所能發揮能力的新基準。換句話說，既然我體驗過何謂眞正的專注，我希望時時達到那個程度的專注——但我不希望每次都得經歷骨折的皮肉痛。因此，要能掌握上場表演時的心理層面，必須懂得從內心自創激勵表現的條件。我將在本書第三部說明，如何系統化地培養這個能力。在本章中，我要說明爲何上述三項提升表現的訓練步驟，也是長期學習過程的關鍵要素。

且讓我們回到那個因手部骨折而激發我的武術體悟的緊張現場。發生突發狀況後，我的感受力提高許多，以致眼前發生的事在我眼中看來都成了慢動作。當我快速移動時，對手卻像是陷入糖漿中一般難以施展。這個經驗帶給我極大的啓發，對我日後多年的武術訓練有很大影響。然而，當腎上腺素消退後，我面臨一個迫在眉睫的大問題：再過七週就要參加全國大賽，我的手卻骨折了。

受傷隔天我到醫院報到。醫師表示，我的手掌第四掌骨有螺旋形骨折；在最好的情況下，我的手骨可以在六週內完全癒合，但我的手臂因爲從手肘以下被石膏固定，完全動彈不得，可能會出現大面積的肌肉萎縮。等到手骨癒合，我只有幾天時間可以做物理治療復健，在這樣的情況下，根本不可能參加比賽。走出醫師辦公室時，我下定決心要照原訂計畫去比賽。打上石膏後隔天，我便回到太極學院恢復武術訓練。

開始單手練習的頭幾天，我自覺不如人，總是擔心有人會不小心打中我手上的石膏，於是我把右手背在身後，只和我信任的同伴練習一些增強敏銳度的動作。我們站定不動，動作緩慢，沒有抛摔，只做正統的推手練習，試著捉摸彼此的重心，化解對方的攻勢，並且巧妙地讓對手失去平衡。這並非自尊的廝殺，亦非短兵相接的武術訓練，而是加強對外力與對手意圖的敏銳度——可以說是與夥伴合力完成的武術冥想練習。

這樣的想像練習對運動員而言極爲重要，應該以適合其領域的形式進行。然而，我們往往偏重密集的訓練與競賽，卻忽略心理上的訓練。有時候當我極度專注於賽前準備時，在接連幾個月的激烈訓練後，身上的疼痛持續不消。一個晚上接連摔個幾百次之後，我一下子明白自己有點偏離了這項技藝的眞功夫。隨後我便會花一個星期左右的時間做些柔性、靜態的準備功課，練習抓準出手時機、加強感受力、洞悉以及掌握對手吐納模式和心念移轉的徵兆，以及如何在最後以決定性一摔定勝負之前，巧妙地讓對手失去平衡。經過這樣的省思期，我幾乎都能在拳藝方面更上一層樓，因爲我將剛剛學到的肢體技巧與心理架構兩相整合，練習起來有事半功倍之效。

將外在與內在（或是實際與抽象；技術性與直覺性）交錯訓練的重要性，適用於所有學門領域，遺憾的是內在訓練部分常被忽略。舉例來說，最聰明的NFL職業美式足球球員都會在非球季的時間，利用較抽象的方式去檢討球場上的戰略，研究比賽的錄影，將球場上的俯瞰畫面拆解分析，注意進攻與防禦的模式。等到球季開始，他們可能會因爲比賽帶來的疲累疼痛用盡了每一分耐力，而導致視野變得狹窄。我聽說有不少NFL四分衛球員如果受輕傷而被迫休息一、兩場，他們會看作是加強心理建設的寶貴機會。等他們傷勢痊癒回到球場上，表現將更爲精進。所有的運動項目都要靠心理訓練搭配，讓肢體的訓練發揮效用，但是當肢體訓練密集進行時，運動員很容易忽略心理的部分。

由於右手骨折，我不得不加強鍛鍊我原本較弱的左手。過去我倚賴較強的右手去做某些武術動作，如今我的左手得加緊練習，好學會施展所有招式。日復一日，我的左手每天都學新的技巧，包括化解對手攻勢、從不尋常的角度出手把對方摞倒，還有拿筷子吃飯。經過幾週的緩慢練習後，右手的情況逐漸穩定下來，我也習慣在以左手練拳時，將受傷的右手藏在身後，而且我也能自在地臥地翻滾而不讓傷處碰到地面，因此我練習的招式組合又多了一些。我的指導老師接著讓我和一些較具侵略性，但功夫上不及我，且控制力不一定好的同學搭檔練習。這些人當中有那麼一、兩個想藉此機會證明自己的能耐。我在太極學院小有名聲，而現在正是他們扳倒我的大好時機。他們可以雙手並用，但我只能隻手應敵，而他們與我過招時，還刻意利用這個優勢。在這樣的情況下，我顯然得用開放的態度去面對被人摔來拋去的處境；如果我未曾做好「勝由敗中求」的準備，絕對無法承受這樣的練習。話雖如此，我的肢體反應讓我相當詫異——我的左手自然而然地一手當兩手用，用手肘抵擋對方右手的攻勢，用手掌控制他的左臂。我萬萬沒想到，自己的身體可以如此運作。像這樣練習了幾天後，我不再認為自己屈居劣勢；只要對手的程度略遜於我，隻手應敵不成問題。

這個新的想法為我的武術訓練打開了新視野。我體認到，當我能用單手掌控對方的雙手時，我就能用另一隻空著的手好整以暇地發動攻勢。直到今天，以這個想法為中心的技巧，一直是我參加武術競賽時不可或缺的要素。如果你能單手掌握對方手腳——哪怕只有片刻也好——不管是藉由特定角度、調整時機，或緊緊箝住對方，你的對手都會面臨極大的危機。你空出的那隻手把他拆了都不是問題。這個原理可以應用在所有你想得到的接觸式運動項目：籃球、美式足球、足球、摔角、曲棍球、拳擊等等。

同樣的原理也可以應用在西洋棋上。當一枚棋子可以掌握或牽制兩枚或更多棋子時，都可能對整盤棋造成危險的失衡局面。更深一層來說，這個原則還可以應用在心理的對峙上。不論是企業談判、法庭上的唇槍舌劍，或甚至是實際的戰爭，只要對手暫時無計可施，或必須比你花更多精力才能勉強追平，你就有很大的優勢。關鍵在於，你要能純熟地運用技巧。

從早年參加西洋棋賽起，我就深知這個原理。不過，直到我不得不以單手練拳時，才逐漸體會這個原理也能運用到武術訓練。我怎麼也沒想到，能夠在自由過招時，隻手控制對方雙手，但說老實話，單手練習三、四個星期後，我已經能夠自在地用左手抵擋對方雙手的進攻。想到日後還可以加入右手練習，自己都感到那簡直是不公平的奢侈。這次的受傷經驗成爲啓發我練拳靈感的深厚泉源。

在生理方面，我的復元情形也相當奇妙。我一心想參加全國比賽；雖然聽起來不可思議，但我打定主意絕不讓受傷的手部肌肉萎縮。我下了些工夫，透過太極冥想練習微妙的內力。我認爲，密集的想像練習或許可以保持右手的強健度。我的練習方法如下：每天我針對左手做抗阻力運動練習，在每一套練習告一段落時，我就想像這個練習通過右手的肌肉。我的右手裹著石膏，不可能實際做出動作，但我可以感到能量流入暫時無法運用的肌肉。我承認這作法有點像是瞎矇，但確實有效。我感覺全身都強健有力。醫生爲我拆下石膏時，他目瞪口呆。在全國大賽前四天，醫生爲我照了X光片，顯示我的手骨已完全癒合，而且手部肌肉絲毫沒有萎縮。醫生准許我參賽。星期三，我的右手進行了七週以來頭一次的重量訓練；星期五，我啓程前往加州聖地牙哥；星期六出賽時，我左右開攻——不過更倚重近來經過訓練後強勁有力的左手——贏得全國大賽冠軍。

身爲一個競賽者，我體會到，在「尙可」、「不錯」、「優秀」和「傑出」這幾種不同程度的表現之間，所必須付出的努力有多大的不同。如果你只期待自己的表現達到普通水準，那你能犯錯的空間就相當大。你可以因爲被老闆炒魷魚而自憐自艾，等著別人捧著新的工作機會上門找你。如果你傷了腳趾，大可以休息一兩個月，整天賴在沙發上看電視嚼洋芋片。抱持這種思維的人大都把受傷看作挫折，他們要想辦法解決這件事。在支持者與觀眾看來，受傷的運動選手，只能坐板凳休息。每次我受傷了，母親或其他好心人士會來勸我休息幾星期，不要練習，但他們不明白，如果光因爲疼痛就放棄練習，那我可以一整年都躺著不動。即使受傷，我隔天仍然繼續練習，試著摸索如何利用新的狀況強化自己的條件。如果我想成爲最好的高手，我就必須敢去冒其他人會躲避的危險，將那個時機的學習潛力發揮最大效用，並且將困境化為我的優勢。雖說如此，有些時候身體的確需要休息，這時就是加強心理訓練和技巧，並吸收心得的最佳時機了。

如果你的目標是「領先群倫」，你的奮鬥之路需要一顆保持專注、追求進步的心靈。你要讓障礙激勵你創造新觀點，讓挫折加深你的決心。每次從創傷中痊癒或經歷一場敗仗後，你都應該比之前更好。此外，對某些人來說，他們的問題根源在於誤把「保持一致性」與「千篇一律」畫上等號。我們太容易被日常生活的例行程序羈絆，因而喪失了學習過程中的創意；哪怕是完全投入於培養某項專長領域的人，心理上也常常停滯不前，以為靠著重複機械式動作，就可以讓自己卓越出眾。我們失去對現下的關注，等到受傷或碰到某種挫折，便使得老舊的心態受到重擊。我們勢必要讓自己更有想像力。

最後，我們應該學習如何在不面臨真正傷害的情況下，得到受傷帶來的啓發和學習機會：籃球選手練習用左手打球幾個月，直到有辦法左右開弓。習慣用右腳踢球的足球員有一段時間不用右腳。如果一個出色的競賽者因對手投機取巧而激勵他提升自己的表現，那他更應該練習，如何不靠對手的醜惡手段也能提升水準（參見本書第十八章）。只要我們能將逆境化為優勢，就能在不陷入實際危險或傷害的情況下，創造有益的成長機會。我將這套方法稱為**內在方案**——我們可以留意那些觸發成長或表現的外在事件，如此一來無須等到事件實際發生，就能學到事件產生的效果。這麼一來，逆境或挫折反而成為創意靈感的莫大泉源。

學習的王道

籃球選手練習用左手打球幾個月，讓自己有辦法左右開弓。習慣用右腳踢球的足球員應該有一段時間不用右腳。如此一來，即使我們並沒有真的受傷，也能得到受傷帶來的啟發和學習機會。

13 讓時間慢下來

眞正的大師看得少，看進去的卻很多。

小時候，我深怕自己會因爲記不住所有的專業知識，而永遠無法成爲西洋棋大師。有時候，連上兩個鐘頭的西洋棋課下來，腦袋都快裝不下老師說過的話。而且，就算我的腦袋裝得下，那麼多的資訊又該怎麼處理？當然，現在回頭想想，小時候實在想太多——訓練有素的人自然有辦法吸收大量的資訊。一旦我們在某個領域達到專精的程度，累積了豐富的專業知識，接下來要面對的關鍵問題就是：要如何處理和運用這些知識？我認爲，只要找出這個問題的答案，便能深入探索如何達到優異表現的祕密。

回顧第十一章，當時的我專注於外在技巧的養成——太極拳的訓練方式幽微精細，而且學習者必須時時反思。現在讓我們進一步向內觀照，探討如何藉由適當的訓練提升感受力。在那場比賽中我的手骨折時，在我心中時間慢了下來——也可以說，我的知覺變得相當銳利、極度專注在基本面上，以至於我處理必要資訊的速度比平常快了許多。但當時的我並不覺得匆促。那次受傷的經驗十分平靜但銳利鮮明，正是我想像中「專注當下」的最佳寫照。

等到手傷復元，順利參加全國大賽獲得冠軍，我心裡卻不時想著：怎麼樣才能夠在不斷手斷腳的情況下，讓時間變慢？我們都聽說過某個母親在緊急情況下奮力抬起一輛車，救起被壓在車下的孩子，或者有人在發生車禍或從高處跌落的一瞬間，感覺時間變慢之類的故事。在千鈞一髮的生死關頭，求生機制促使人類發揮驚人的生理與心理的最大能力。那麼，我們有可能在沒發生意外的情況下運用這種機制嗎？

當我開始思考如何讓自己對時間的感受與對手不同，我體會到必須先研究直覺的運作機制。我想大家應該都有這樣的經驗：某個難題百思不得其解，思緒轉移目標，過了一會，突然想出前一個問題的答案；或者第一次見到某個人，但不知爲何對這個人有強烈的好感或反感。這些富有引導性的直覺十分寶貴，哪怕有時是過了很長一段時間才驗證當時直覺的正確。同樣的，在我鑽研西洋棋的時光中，幾乎所有讓我有所領悟的時刻，都來自潛意識的觸發。第七章提過**習數以忘數**的西洋棋學習法，正是我與心靈潛意識建立連結的方法。我大量吸收技術面的資訊，在腦子裡整合爲各種見解——比較像音樂或風，而不像數學組合。我越來越感覺融會貫通是獲得進步的關鍵。心智將所有相關知識整合協調，相互融合後，發揮強勁的威力；突然間，難解的問題變得明白易懂。這到底是怎麼辦到的？

直覺這個問題，在心理學家、哲學家和藝術家之間曾經引起熱烈討論，也是我不斷研究與思考的課題。我的祖母史黛拉・維茲勤是一位兼具勇氣與創意的抽象表現主義派畫家及雕塑家；她常告訴我，直覺是上帝之手。藝術家把直覺叫做繆思。我在本書引言中提到，過去在哥倫比亞大學就讀時，有位哲學教授曾告訴我，直覺這個說法是不合理的──他認爲直覺根本不存在。但我認爲，直覺是人生在世最寶貴的羅盤，是銜接意識與潛意識的橋梁；深入了解讓直覺發生作用的關鍵，是至爲重要之事。如果我們深陷在學術辭藻間，以致未經充分了解就否定直覺的存在，或是把潛意識視爲某種機械裝置，只在與我們毫無關聯的國度神祕地運作，那麼我們就失去了與創意泉源溝通連結的寶貴機會。

我在本書花了相當篇幅說明，如何讓自己成爲某個領域的能手──首先要從基本功練起，了解該領域的基本原理以打好扎實的基礎，接下來則根據個人的傾向與偏好，逐步擴展並精練技巧。同時──雖然講起來頗爲抽象──絕不能與該領域的基本核心失去連結。循著這樣的方式，便能建立一組從個人中心點向外擴張，相互連結貫通的知識網絡。談到直覺，便要談到如何善用這個知識網絡作爲創意的泉源。接下來便以西洋棋代表所有專業領域，來討論直覺問題。

討論直覺問題最明白的方法，就是從**分組歸類**（chunking）和**刻畫的神經途徑**（carved neural pathways）的概念談起。「分組歸類」指的是心智融合大量資訊後，根據該領域特有的模式或原理，進一步結合成若干「群組」。最早開始研究這個主題的學者，正巧就是以西洋棋手作爲研究對象，因爲西洋棋手被視爲潛意識模式高度整合的顯著範例。荷蘭心理學家德葛勞特在一九六五年發表的研究，與幾年後賽門及崔斯團隊在一九七三年發表的研究，實驗中讓實力不同的西洋棋手站到棋桌前，要每個棋手將所看到的布局重現在空白的棋盤上。心理學家將西洋棋手完成這項要求時的眼球運動模式與花費的時間記錄下來，並進行分析。

相關結論顯示，程度較好的棋手在面對高段棋手對決的棋譜布局時，表現出較好的記憶力，因爲當他們觀察棋局，會把棋局拆解開來（例如五、六個棋子一組），並且依據棋子間的關係，在心智中組成若干區塊。程度越好的棋手，越能快速找出棋子間相關的邏輯模式（進攻與防守的相對位置等），因此記憶棋譜的能力比較好。另一方面，當研究人員提供隨機而毫無邏輯連貫性的西洋棋布局給棋手看時，所有棋手重現棋局的表現都差不多；在某些案例中，棋力較弱的棋手甚至還表現得更好，因爲這些棋手慣於面對隨機的情境，而棋力較強的棋手若失去「布局邏輯」的線索便失去頭緒。因此，簡而言之，「分組歸類」指的是當心智接收大量訊息，能在其中找出協調一致／邏輯連貫之處，並將之組合成一份如同單一訊息、隨時可擷取的心理檔案。

而「刻畫的神經途徑」，是指心智創造若干知識群組，以及穿梭於各個知識群組間的過程。我並不打算用文字詳述這個過程，因爲這和想用圖示說明「人類大腦如何運作」一樣困難。我們先來談談我花了十五年時間鑽研西洋棋的過程。在我所投入的千萬個小時裡，我的心智充滿高昂鬥志地在茂密的西洋棋知識叢林裡披荆斬棘。「叢林」是個很好的比喻——你可以想像，要花上多少時間才能在林葉間開闢一條路。辛苦了好幾天，可能只往前推進一小段。然而，一旦開出一條路，你就可以快速行進，甚至可以用車輛代步。

剛開始學棋時，如果遇上沒見過的布局，我必須在心中一一盤算各種可能的狀況。在這個過程中，我發現了布局的規則，和克敵制勝的新方法。這些新資訊被系統化地吸收到知識區塊組成的網絡中；隨著我越來越善於運用和整合知識網絡，擷取其中的知識也越來越容易。

接下來看看西洋棋的學習過程，如何實際運用這些功能。從學棋的第一天開始。我的第一項功課是熟記每個棋子的走法，還必須熟記它們各自代表的價值。對初學者來說，這些步驟可能有點複雜。棋盤上有兵、有騎士、有主教、有城堡、有皇后，還有國王。每個棋子都獨一無二，各有其強項與弱點。每當我看著一個棋子，就必須想出它的名稱，以及它的移動規則。接著我再看下一個棋子，想出它移動的方式。棋局開始時，棋盤上共有三十二個棋子。爲了每一步都走得穩當，我必須瞻前顧後，注意會不會被對手逮到、會不會讓對方有機可乘，或是陷入其他危機。等我用這種方式進行到第三個棋子時，已經有點受不了，到了第十個棋子時，頭已經痛了起來，也忘了先前九個棋子的研究心得，而對手已經不耐煩。到這時候，我很可能草率出手，隨即被對手痛宰，潰不成軍。

所以我們不從標準開局棋位走起，先面對只有王兵對峙的空曠棋盤。我從這個相當單純的棋局入門，學會王與兵的移動方式。接著我嘗試各種布局，直到我覺得可以運用自如爲止。一段時間過後，我還學會單就使用主教的作戰方式。接著是騎士、城堡，和皇后。很快的，我對每個棋子的移動方式與價值都背得滾瓜爛熟。當我看見棋子，不須多加思索，就可以同時想到它們在棋盤上的可能性。到這時候，棋子已經不再只是一塊木頭或塑膠，而是活躍的個體。與我心中無數可能的組合相比，棋子目前在棋盤上的排列相形失色，因爲我在心裡還能看見每個棋子如何影響周遭的棋子。此時對我而言，基本走法變得輕而易舉，我可以好整以暇地下棋，同時吸收更多資訊，對全局有更寬廣的見解。當我觀察一個棋局時，我可以一眼看到個別棋子的所有細節。我的西洋棋知識網絡逐漸成形。

接下來，我必須學會這些棋子的調度原則。我學習如何在棋盤上配置出最有效率的戰備，而且我學著去了解某些原則，這些原則足以決定在某種情況下如何充分發揮某個棋子的功效。就像我剛學棋時必須個別思索每一個棋子，現在我必須在腦中摸索這些原則，弄懂哪個原則適用於目前的局面，以及如何應用。久而久之，這個過程對我而言益發純熟，直到我可以在看到棋子的瞬間便立刻想到相應的原則。棋力中等的棋手會在對弈中學到，主教在中局的強弱視「中心的兵形結構」而定；但棋力略勝一籌的棋手只要一眼掃過棋盤，就看得出主教和其他關鍵棋子形成的棋局結構。中央兵的結構與主教是一組的，兩者相輔相成，沒有獨立的存在價值，所以它們被歸成同一類，被心智歸納存檔。

在我腦中重新整合的知識還有個特別的效應，因為我開始了解到，原先所學的每個棋子代表的價值，並非固定不變。在我眼中，棋盤上的棋子逐漸失去它們的絕對身分。我學到了城堡與主教聯手的效果，比城堡與騎士搭檔來得好；但皇后與騎士的組合，就比皇后與主教搭配更具威力。每個棋子的強弱，純粹是看和哪個棋子搭配，以及兵的排法與周遭勢力等變數而定。因此當你考慮騎士的潛力時，還要考慮幾格之外的主教對騎士可能產生的影響。練棋練久了，每項原則不再僵硬死板，你研判棋子之間微妙相對影響的能力也會越來越好。很快的，學習變得不用刻意。實力比較好的棋手通常也不會一板一眼地照著原則走，如此一來，基本原則的「例外情況」便構成另一層原則。當然，我們的下一步就是要像當初吸收各個棋子的移動規則那樣，把這些不符合直覺的情況也都消化吸收，納為己用。到這時候，我的西洋棋知識網絡包括了原則、模式、資訊群組，而我透過一套全新的原則、模式，和資訊群組來擷取這些知識。很快的，我又吸收更新的一套原則和資訊群組來幫助我詮釋上一套知識。學棋到了這個程度已經進入高階，可能會面臨如何處理互相矛盾的資訊，或是在無法並行的眞理之間取決。勢必得放棄過去僵化的想法。

這正是有趣的地方。此時是心理面開始超越技術面的時刻。每個高段的棋手都吸收了大量的西洋棋知識，而決定一名棋手是「卓越」或僅止於「不錯」的要素，在於他是否能進入深度的專注，是否能放鬆意識，讓潛意識自在的流動。這是一種精細微妙的意識狀態，但往往未能被正確地理解。要提升到這種境界，便要巧妙地把意識重新整合爲自在流動的潛意識狀態。最重要的概念是將主體由意識轉換爲潛意識，但並不失去意識所能提供的精準。

我們拿視野來做實際的類比好了。我們以視線焦點區域代表意識，而周邊視線則是潛意識。你現在坐著讀這本書，你眼前所看見的也是這本書。現在稍微放鬆雙眼，讓周邊視線發揮作用，你會看到四周的許多東西。接下來，重新將視線移回書上，同時仍然留意視野的周遭。有些練武的人爲了應付多名對手或其他突發狀況，會特意培養這種技巧。當你的意識夠放鬆，你便能準確地將視線集中在眼前，同時也對周遭環境保持敏銳的意識。同樣的，西洋棋手必須讓潛意識在意識的引導或跟隨下自在流動，逐漸釐清細節，整理出頭緒，做出精準的數學計算。

要是將西洋棋特級大師的思考程序，與略遜一籌的一般西洋棋專家的思考程序相較，你會發現特級大師留意的細節反而比較少。這個事實讓很多人感到詫異。雖說特級大師看得少，但他的心智在過往已經彙整出大量的資訊區塊，讓他不需要用太多意識思考，卻能了解得更多。這是個關鍵概念①。

現在，我要和功力不如我的武人一較長短。假設我正在發動一個需要六個步驟的摔法。我的對手要是被我摔出去，他感受到的是一個難以分解的快速動作，然而對我來說，這六個外在步驟，只不過是我的內在資訊群組組成的廣大武術知識網絡的外緣而已。我們兩人的立足基礎大不相同。我看到的遠比對方更多。

以我最喜歡的柔道招式之一——捨身技②爲例。施展這個招式時，我面對對手，左手握

---

①舉個技術上的實例來說明這個概念在西洋棋上如何運用。一位棋手在半開放的棋盤上思考兩個主教的對峙局面。要剖析這兩個主教各自潛藏的動力，必須先考慮許多基本資訊——中央的兵形結構、周遭有哪些棋子、可能發生的互吃棋子、可能導致結束棋局或進一步開展棋局的轉折、主動權、國王的安危、詮釋這些原則所需使用的原則等等。棋力高的西洋棋特級大師知識淵博，考慮的細節比較多；西洋棋專家考慮的問題比較少。但更重要的是，西洋棋特級大師擁有高度進化的資訊導航系統，有辦法快速搜尋與主教有關的廣泛知識網絡（他一看見主教，內在的「資訊處理器」馬上開始跑所有相關資訊）。另一方面，西洋棋專家則必須花更多力氣，在他所擁有的較少的資訊群組中尋找相關知識。西洋棋特級大師看得少，但看進去的很多，因為他的潛意識技能更為進化。

②譯註：sutemi-waza，又稱側拋身技。

住他的右腕或衣袖，右手則握住他的領子。這個招式分解成以下幾個步驟：⑴我用右手輕推他的胸口，讓他在自然反應下推回來；趁著他的推勢，⑵我握住他的右臂向前斜拉，我的左腳滑到他的右腳前，把我在他衣襟上的右手下拉，旋轉左腿往下坐；⑶他的右腳被鎖住，因此他得往前傾，在他判斷看來是沒問題的，因爲顯然就算他向前仆倒，也會壓在我身上。不過就在他開始往前仆倒時，我的右腳卻滑到他雙腿中間；⑷當他倒在我身上時，我將他的右臂拉向我，右腳踢上他的左大腿內側，迫使他翻身；⑸我順著他的跌勢一滾，反身過來壓在他身上；⑹這個招式的最後轉折是我以袈裟壓制（scarf hold）箝制住他的頭，壓制住他的右臂。

第一次體驗到這個相當反直覺招式的人，往往還搞不清楚怎麼回事，就已經被摔到地上，被壓制得動彈不得。我自己就有過親身的體驗。在幾年前與好友阿莫德過招時，他就是使出這招，把我摔在地上，讓我見識到這個招式的威力。阿莫德是個身高一八五，體重九十公斤的彪形大漢，他的武術養成背景與我大不相同。他是短跑好手，實力接近奧運選手程度，同時也是專業舞者和樂手，而且畢生醉心於武術，擁有泰拳近身拳擊十五連勝的光榮紀錄，還受過大量的截拳道和空手道訓練。當時我的太極拳功夫還算可以（剛贏得全國大賽銅牌），還練了柔道，又和阿莫德一起追隨武術名家馬凱多，練了一年左右的巴西柔術，深受感發。由於我和阿莫德的武術背景迥異，兩人對練時，常會激發許多自創的招數。由於雙方的訓練背景不同，我們對練時，得避開對手突如其來的意外招式，並且想辦法將兩人交鋒的情勢引入自己熟悉的武術知識群組中。當我們從熟悉的環境轉換到陌生的場域，感覺就像是本來打算從下雪的坡上向下滑，卻突然撞上一攤爛泥一樣。想當然爾，你自然希望對手陷進爛泥，而你自己順利滑下雪坡。

阿莫德和我各自出招，你來我往。我明明站著接招，但還沒反應過來是怎麼回事，就已經被摔倒在地，愣愣盯著天花板。我已經很久沒碰到這樣被摔得無法招架的局面了。我馬上請阿莫德把這招式分解給我看，而我一下子看出，這旋風般的動作其實包含了五、六個步驟，是根據巴西柔術裡一個我還不很了解的「掃」的動作發展而來。我下定決心要將這套動作練到爐火純青。我的想法是，如果我會被這個招式輕易制伏，那其他人的下場也差不多。一開始，我慢慢地反覆練習每個步驟，不斷修正出手的時機與動作的準確度，接著我將所有步驟結合在一起練習，反覆練了千百次。

現在，這套摔技成爲我的制勝絕招。隨著時間的累積，這個招式的每個步驟在我心中擴展出越來越多的細節。哪怕我的對手面對我第一步推胸的反應略有不同，我心裡仍然有許多替代的應變方式。我拉他右腕的動作有二、三十個微妙的細節，還能根據他所顯現出來微乎其微的反應來調整我的動作。當我身形下坐絆住他的右腳時，我有辦法想出三、四十種的變化身形。

回想我一開始見識到這套摔技時，眼花撩亂得讓我來不及分解，但現在我卻可以深究這套招式的某些細節，並從其中分割出更細微的片刻。當我還不熟悉這個招式時，我的意識會試著去辨識不熟悉的領域。如今我的潛意識穿梭在巧妙設定的龐大技術資訊網絡裡，使我的意識得以從容地專注在某些基本細節。這些細節變得簡易單純，所以我可以用極度的精準來觀察，彷彿對手眨一下眼睛需要花上好幾秒似的。

這個過程的祕訣在於，意識雖然神通廣大，但在一定時間內，意識只能吸收和消化固定數量的資訊——就像電腦螢幕一次只能顯示有限的頁面。當意識面對大量資訊，那麼資訊的字體必得縮得很小，才能讓所有資訊顯示在同一頁，因此使你看不清每個字。但若同樣的工具（意識）在同樣的時間裡被用來處理數量減少很多的資訊，你就能看清每個字的筆畫。這時你就會感覺時間慢了下來。

了解感受力差異的另一個方法，可以相機來做類比③。經過不斷的練習，我製造了更多的知識群組網絡，鋪陳更多的神經途徑，讓它們有效吸收大量資訊，再交由我的高速處理器——潛意識——去消化吸收。現在我的意識專注範圍變小，**就像是**加快了快門速度，從原本

---

③神經學家及作家奧利佛·薩克斯（Oliver Sacks）曾以快門速度作為比喻，說明神經疾病患者與常人認知模式的差異。

的每秒四格增加為每秒三、四百格。讀者務必了解，我這個訓練有素的大腦，運作速度並不一定比沒受過訓練的大腦來得快；差別在於我的大腦工作方式比較有效；也就是說，我的大腦必須處理的資訊比較少。就經驗而言，由於我注意的東西比較少，所以在同樣的時間，我的大腦可以看到好幾百格的資訊，而我的對手大概只能看個幾格（對手的大腦忙著處理大量尚未經過消化以供潛意識擷取的資訊）。因此我可以好整以暇地運用他根本還看不到的定格資訊。

這也是為什麼在功力較淺的習武人眼中看來，武術高手似乎帶著神祕的氣息——高手把自己訓練到可以在外行人看起來極短的時間內完成認知與行動。

讓我們回到激發我產生這個想法的情境——像這樣經過訓練而強化的洞察力，不論是面臨重大車禍，或像我的手在比賽時骨折而感到時間慢下來的感覺，是否來自相同的源頭？答案是「對」，也是「不對」。兩者之間有相似之處，是因為人在面臨生死關頭時，會全神貫注於眼前的問題焦點；我們會感覺時間慢了下來，是因為我們基於直覺反應，會把注意力集中在極小量的關鍵資訊上，我們的處理器能隨即分析拆解，就像是把字放大，可以一目了然。同樣的，經過訓練的意識也能將注意力集中在意識焦點的極小部分。但二者之間最大的差異是，在我們鑽研的領域，潛意識會去整合周遭資訊，而不是藉由刻意忽略周遭資訊來培養時間慢下來的感覺。人的意識鮮少進入高度敏銳的洞察力境界是有原因的：如果一個沒有受過專注訓練的習武者，將全部精力都專注於對手的呼吸模式或眨眼動作上，他一定會被對方輕鬆擊中臉部或被摔倒在地。如果我每次穿越紐約市的三十三街和第六大道路口時，都把注意力完全集中在一輛根本不會撞上我的車子，看著它以慢動作從我身邊駛過，那麼總有一天，我會被其他不在我注意範圍內的車子撞上。在大多數情況下，我們必須留意身邊的動靜，而我們的處理器——意識——的功用正是要負責這項工作。另一方面，我們既然了解了直覺是如何運作的，自然能訓練自己在專長領域中擁有過人的感受力與肢體技能。當然，關鍵在於**練習**。

學習的王道

表現卓越的學習者，能進入深度的專注狀態，並且能讓潛意識自在流動，使意識更能專注在少量的資訊，因而產生「看得少卻看見更多」、「時間慢下來」的感覺，以擁有更多優勢。而要讓潛意識發揮作用，就要從基本功開始，讓自己在鑽研的領域打下扎實的根基，逐步建立自己的知識網絡。久而久之，便能強化自己的直覺和感受力。

14 神祕的錯覺

要熟練地運用心理戰略，必須先打好技術基礎。

在我剛開始研究太極的哲學基礎時，有一回，我在《太極拳論》讀到一段特別引起我興趣的文字。十八世紀的王宗岳曾經這樣闡述他的太極理念：

動急則急應，
動緩則緩隨。

十九世紀智者武禹襄根據這段文字，寫成典型的中國式抽象哲言：

彼不動，己不動；彼微動，己先動。

頭兩句淺顯易懂，說的是仔細傾聽、留意敵手最輕微的顫動，以及緊追不放的工夫。「沾黏」是太極武術應用的中心。基本上，這四句講的就是「如影隨形」。但後兩句讓我百思不解。如影隨形的「影」是果，不是因。你要怎麼在對方有所動作**之前**，就先展開行動呢？我受過的西洋棋訓練讓我凡事講求精準，難以輕易接受如此抽象的說法。這兩句到底是什麼意思？

這個問題對我來說就像禪宗公案一般費解。我花了很多時間思考，試著讓自己接受這個概念，並融合在推手訓練中。雖然有很多傳統道家觀念不能完全照字義解讀，但是像這樣一段文字背後，往往有相當大的實驗眞理。從過去下西洋棋的經驗，我知道段數較高的棋手經常可以攻入對手思緒中，利用我戲稱爲「絕地心靈控制」①的技巧，以強大的意志力或熟練的策略，使對手迷失方向。據我了解，要擁有這種技巧，關鍵在於洞悉對手在什麼情況下會受到影響，並且能不著痕跡地發現對手弱點並加以利用。另一方面，中國武術比較講究能

①譯注：絕地（Jedi），電影《星際大戰》中的團體，以維持銀河光明勢力為己任。

量，較不重視模式辨認。我的目標是要找到兩者的綜合體——兼顧能量的覺察、技術的流暢，和敏銳的心理洞察力。讓西洋棋融合太極。

隨著時間的累積，我漸漸明白，**彼微動，己先動**其實就是洞察意圖——辨識對方的意圖，最終目標是控制對方的意圖。最高深的「黏」——也就是如影隨形——包含了主隨關係的角色替換；時間感隨著意識的活動而扭轉——偉大的太極或合氣道高手就是這樣引導對方陷入黑洞，或是運用心理戰術引導對手自己摔倒自己。但實際上到底是怎麼回事？讓我們利用前幾章提到的學習原理來分析看看。

我開始嘗試掌握對手意圖，是在剛開始學西洋棋的時候。說來有點不好意思，當年七歲的我參加西洋棋分齡賽時，有時候會故意在棋步中設下陷阱，或是邊慘叫邊拍打自己的頭，引誘和我年紀相當的小棋手上當。我故意裝出的懊惱模樣，通常會讓對手因過度自信而掉以輕心，急著追捕我故意設下的陷阱兵或其他誘人的餌。我知道我的誘敵之計做得很誇張，但就像所有技巧一樣，最高段的技巧也得從最簡單的原理開始練習。

隨著實力與競爭力提升，我和對手越來越能讀出彼此流露的心理跡象。等到我十、十一歲左右，拍頭慘叫這招就變成昭然若揭的伎倆了。而只要我的呼吸節奏稍有變化，就有可能讓對手以為我發現了什麼不利的局勢。

我天生就不是個會擺張臭臉的人。我生性外向，如果有心事，臉上的表情一定會洩漏出來。我沒有試著去改變個性，而是學著利用這個特點。有些西洋棋手刻意保持不苟言笑的表情，但我卻選擇完全讓對手看到我在思考過程的表情變化。我的目標是利用自己的本性來主導整場對峙的調性。有的梭哈選手會故意哼一首曲子，讓旋律在對手腦中徘徊不去（所以才說是「攻入他的思緒」），我則是藉著露出真性情來控制棋局的心理戰。如果我坐得挺直，表現出信心滿滿的樣子，對手會懷疑我是不是在掩飾什麼弱點。我這麼做是反心理學嗎？說不定是反反心理學吧。那會不會有可能是反反反心理學戰術？除了在棋盤上對決，我還設下一套心理難題讓對手大費思量。

當然，我的心理戰略沒有這麼單純。在我真實流露情緒的表情之中，還攙雜了會令人誤解的皺眉、偶然閃現的一絲畏懼，或是些許興奮之情。有時候，我利用喝水或眨眼的時刻，巧妙地運用這些欺敵小動作，但也不一定每次都會用。遇上某些對手，我會完全讓表情透露我的情緒，不刻意偽裝；有時這樣坦然的表現，可能會從這場比賽持續到下場比賽。久而久之，對手對我臉部輕微的變化瞭若指掌，認定他們看到的表情都是真的。到後來，我的情緒會變成對手評估情勢的一部分依據。就像習武之人習慣把重心放在一隻腳上，卻被對手撂倒；等到時機成熟，或碰上關鍵棋局，我會在自信程度方面稍微誤導對手，讓他因此而疏忽大意或忐忑不安。這是非常巧妙的心理戰之舞。

在此同時，我也仔細觀察對手出手的節奏。到了我十八、九歲時，我參加的比賽有很多是由主辦單位自行邀請參賽者、並不對外公開的比賽，每次共有十幾位高段棋士參加爲期兩週的馬拉松式比賽，可說是一場心理戰。讀者可以想像一下，十幾位世界級的西洋棋高手同住在度假村，朝夕共處，建立複雜的友誼，交換彼此比賽的經驗。每天下午三點鐘，所有人在棋桌上一分高下。這樣的環境眞是心理攻防戰的溫床。

這些年間，我開始將棋手的生活態度與他們在棋桌上的表現風格拿來觀察比較。出色的棋士都很注意自己在棋桌上的一舉一動，但碰到生活中平凡的細微瑣事，就連最老謀深算、善攻心計的棋士也免不了露出個性特徵。例如在晚餐桌上，特級大師嘗到了一道帶有苦味的菜餚而微微皺了皺鼻子，這可能就是他不經意流露想法的表情；另一位棋士在自助餐檯前的隊伍中顯得百般不耐，可能意味著他難以忍受緊張的局面。讀者大概萬萬想不到，突如而來的風雨會讓人顯露出多少眞性情！只見有人用手遮頭快跑避雨，有人則面帶微笑、悠閒地深呼吸，享受風吹過臉龐的感覺。一場雨透露了一個人面對不安與不適的態度、對突發狀況的反應，和控制欲的強弱。

日後我參加武術比賽時，已經可以對自己顯露的表情控制自如，而且十分善於利用對手對我的情緒可能產生的誤判去獲得優勢。此時的我也很能察覺對方心理狀態的蛛絲馬跡。這些年間，我開始培養計畫式逐步掌控對手意圖的方法。

在西洋棋桌上，深入觀察對手的心理狀態或是善用心理戰術，往往會影響對手的思路。在武術這種肢體競技項目中，「攻入對方思緒」的效果顯而易見，而且立即見效。讀者可以想像以下的情境：

我和一個體重比我多二十公斤的推手老手過招。他是個優秀的運動員，敏捷、強壯，攻擊性強。比賽的重點是不能摔倒在地，也不能離開賽場的範圍。像這樣的對決，我無法以力獲勝，只能靠智取，心理攻防才是關鍵。比賽開始，兩人右腕相搭。我稍微施力輕推他的手腕，他推了回來。我摸清楚了他的反應，這場交手就此定調。我們兩人面對面在場內繞著圈子，展開賽局。我的幾次佯攻都被他反攻回來。我們互相箝住，兩人的右臂環在對方左腋下，右腳在前。我的右肩微微向前頓兩次，每一次他都用力擋了回來。我脫離箝制往後退，兩人隔著距離彼此試探。我向他的腹部推了幾次，他信心滿滿地站在原地，文風不動。接著，我故意讓自己身形門戶大開，誘使他切近我身邊，拉我又一次進入互箝。這次兩人才剛箝在一起，我就再用右肩輕推，不過這次只用了非常輕微的力道，並且在他出力回擋時，立刻卸下右肩，側身從右邊把他扭進黑洞裡。他重重跌在地上，搞不清楚怎麼會被摔在地上。這究竟是怎麼回事？

上述這個心理戰的例子略有誇大，但我想說明的是我如何觀察對手，挑起他的行動／反應模式。他的個頭比我高大許多，所以他八成打算要以力取勝。兩人擺出起始式時，我先輕壓他手腕，他本可以輕輕化開我施加的壓力，但他不肯讓步，用力推回來。他被我的試探吸引注意力，落入我的圈套。接著我和大個子互箝，我推了他兩次，但其實並不想推開他，我只是想更進一步激發兩人交手的節奏。他個頭比我大，我推他，他推回來。你可以想想這代表什麼意義，在他出力回應我以肩試探的剎那，我支撐了他的一部分重量。我變成了他的一隻腳。當我頭一次抽身離開，他覺得很好——他占了上風，讓我不太高興——至少他是這麼想。我接著又做了幾次來往的試探，才又重新箝住他。這一次，我肩膀前推的力道非常輕微。他根本不用決定要不要推回來，就已經直覺地出力回推，但就在我輕推的下一刻，而且實際上是在他回推之前，我已經根據他先前慣有的反應，先卸除右肩力道。我向左抽身的效果就像是移開他的重心腳一樣，接著我又順著他的猛勢，使出純熟內斂的摔法。他摔倒在地上時，還完全搞不清楚發生了什麼事。在武術練習中，每當有這樣的情況發生，總令人感到神奇，他前一秒還站得好好的，下一秒就已落入黑洞中；因爲我們交手的最後一招如此微妙，而且他很可能根本就沒有意識到。

在實際的武術過招中，類似這樣的交手還要更精鍊。請讀者想像一下，把第十一章〈畫更小的圓〉提到的凝鍊過程應用在這個互動性的觀察與設定過程。我們兩人右腕相搭，而且我只輕輕使出足以讓對方感覺得到的最小力道。而我的對手穩穩站在原地，他的意識甚至還沒體認到他已經施力反擊。此時他已躲不掉在「一——二條件化試探」後，被摔倒在地的結局，因爲他對**一**的反應已經是我意料中事，所以我會在他的**二**反應之前就先動手。更進一步來說，如果我的第一招動作夠精鍊，甚至讓對方看不太出來，那麼我的第二招看起來會像是第一招。這就是**彼微動，己先動**。

想像一下神乎其技的魔術師所表演的充滿趣味又隱含心理因素的撲克牌把戲。魔術師邀請一位觀眾上台。當自願者走上舞台時，魔術師手上切著牌，吸引他的注意力。接著魔術師將五十二張牌全部攤開，請這位自願觀眾在心裡想一張牌。接著魔術師再次洗牌，把一整疊牌放在桌上，請那位觀眾翻開最上面的第一張牌，結果竟然就是觀眾原本想的那張牌！這是怎麼回事？魔術師難道懂讀心術，知道來賓在想什麼？當然不是。

魔術師的手法和武術高手用來控制對方意圖的手法非常接近，關鍵在於巧妙地操弄上台觀眾的意識與潛意識。這些手法早在那套「魔術」眞正開始之前，就已經暗自進行。當魔術師與上台的觀眾面對面站在台上講話時，魔術師吸引住對方的注意力，主導了兩人之間的互動。這位觀眾要回答魔術師的問題、聽從魔術師的指示，還要留意自己在舞台上的舉止。在這麼多事同時發生的瞬間，在台下觀眾毫無所覺的情況下，魔術師要了個小花招，拿一張牌在台上觀眾眼前晃了一下。關鍵在於這位自願者必須在還沒注意到自己看到這張牌的情況下，下意識看到這張牌。台上的觀眾聚精會神地與魔術師互動，而魔術師快速地在他心中插入那張牌的訊息。當魔術師請這位觀眾想一張牌時，其實魔術師早已替他做了選擇。對魔術師來說，接下來洗牌時，把那張牌保持在整疊牌的第一張並非難事。這套幻術的微妙之處在於，如果表演者沒有完全吸引住上台觀眾的意識，比較警覺的人就會發現自己被設計了，而決定改選別張牌，這麼一來，魔術師的戲法便告失靈。

如果對手能識破你的反應模式，那你的心理遊戲就無法奏效。以上述的推手過招來說，如果我的對手發現我在掌控他，我的計畫可能會全盤失敗。事實上，我幾次試探時裝出懊惱和意欲退卻的樣子，讓他充滿信心，因此他並未提防陷阱，讓我有機會給他幾次微妙的條件化暗示，到最後猛的把他摔出去。如果我一開始就用力出手，他一定會明白我的意圖，因此我必須讓他毫無所覺的落入陷阱。

這便是第十一章〈畫更小的圓〉和第十三章〈讓時間慢下來〉的原理發揮作用之處。當你面對技巧高超、意志堅強的對手，心理戰便益發微妙。重點是觀察對方的呼吸模式和眨眼動作，以對方無法察覺的小動作出招，用幾乎看不到的技巧慢慢製造出對手的反應模式。如果我能更仔細也更深入地了解一連串動作，有如分割成多格畫面，那麼我就能在對手根本沒意識到的情況下操弄他的意向。

讓我舉例說明這要怎麼達成。雙腳打開與肩同寬站定，重心放在左腳。想像有人站在你的左邊，用力推你的手臂。你要如何維持平衡？你必須抬起右腳，順勢再拉開雙腳間的距離，像是往旁跳了一步，這很簡單。現在，同樣把雙腳打開與肩同寬站定，但這次把重心放在右腳。這時如果旁人從你左肩推你，由於你的右腳固定在地，問題比較大。快速移動又要保持平衡（例如化去對方的抛摔或發勁一推）的基本原則，在於雙腳絕不能交叉。當你被推飛時，要想能落地站穩，你的左腳得向右伸直，但這一來你雙腳交叉，很可能會摔倒。這個概念很簡單，但卻有極大的影響。

推手比賽進行時，兩名選手的上半身互相碰觸。手掌與手臂不著痕跡地向對方施壓。如果我輕推對手，他或者會抵抗我的施壓，或者會放空受擊部位，閃過攻擊，讓攻勢擦肩而過。不論是哪種情況，他的重心都會稍微改變。這是關鍵性的一刻。當重心從一腳移到另一腳時，承受重量的那隻腳暫時被固定在地，無法移動。武術高手練成的摔抛威力強大，對手如果稍稍失去平衡，或無法隨來勢自由移動，那麼他被摔倒在地前都無法趕上對手，因爲他的雙腳就像打了結一樣。這並不是武術專有的概念，如果一名網球選手的對手向左一撲，勉強用球拍外緣將球擊回球場右方，這時這個對手一定是定在地上，來不及再做下一步的回應。如果一名ＮＦＬ（美式足球聯盟）的跑鋒、ＮＢＡ（美國職籃）的控球後衛，或世界盃足球賽球員有辦法讓對方的防守球員算錯時機，把重心放錯腳，那他一定可以衝破防守，空留那名防守球員把自己絆倒在地。幾乎所有運動競賽項目中，如果深諳察言觀色與操縱對方步法的工夫，一定能成爲令人不敢等閒視之的角色。

讓我們重新以轉移重心的簡單原理來模擬一場比賽。整個比賽過程有兩項要素交織其中：第一是精鍊的技巧，第二是敏銳的洞察力。我們的目標是要利用對手把重心由一隻腳換到另一腳的短暫片刻。呼吸的節奏、肢體的緊繃、略遜一籌的技巧、自滿、情緒、分心，和其他許多幾乎無意識而可預測的習慣，都是可以利用的弱點或跡象；我們可以擇其一而攻之，或結合其中幾項來達到目標。爲了把問題簡單化，我們以眼睛——或更準確的說，以眨眼作爲討論焦點。

首先，大多數人不會注意自己何時眨眼，因此他們或許不認爲，眨眼可能成爲被對手拿來利用的弱點。即使是頂尖選手，可能也不覺得眨眼會有什麼危機——眨眼這麼短暫快速，沒什麼影響——其實不然。在眼睛眨下的同時，還伴隨了覺察的改變，而技巧高深的對手有辦法運用這一點，這也就是第十三章〈讓時間慢下來〉提到的方法可以發揮作用的時候。透過前幾章所說明的漸進式訓練，如果你在這個領域的潛意識練習已達到相當的程度，而且你也學會了善用直覺，那麼你的意識就能切近焦點，注意極小量的資訊——如同我們接下來要討論的例子，眼睛。由於人的心智相當精密複雜，如果用極大的心力去研究少量的素材，便可以輕易把素材分解成更細微的詳細資訊。如果我們的意念純粹集中在眼部，感覺起來眨眼的速度似乎特別慢。仔細觀察，看得到眨眼的過程：眼皮開始往下、眼睛閉上、眼皮開始張開、最後完全睜開。我們需要的就是這樣的細節。

假設我正在和一位推手高手過招。我拿捏他的重心位置、動作模式，和他的眼睛。他會露出某些特定的徵兆。在眨眼以前，或許他的臉頰會略微抽搐一下，或許他的瞳孔周圍會有些濕潤，也或許他的眼睛會先微微闔上一點才又睜開，接著才眨眼。這些都是很細微的徵兆，但我用心去觀察。我們兩人右腳向前，沿著賽場繞圈移動。在推手過招中，椿要站得穩，才不會跌出去，然而總有些時候，選手不得不把重心移到後腳，但時間不能太長，否則受攻時便無處可退：因為結構上屈居下風。高手對這一點了然於心，但我們也可利用高手所受的訓練予以反擊。我們兩人在場中流暢的移動，接著在對手眨眼的瞬間，或在他剛要眨眼的前一刻，我以「一—二連招」一左一右地向他輕推。我的動作很小，並沒有施加太多力道，外人看起來可能根本沒什麼變化，但其實我的右推逼得他把重心稍稍從前腳移到後腳。當我在他眨眼片刻撤回右手前推的壓力時，也是他注意力稍微轉移的時候，他訓練有素的身體直覺的又把重心移往前腳。在那一刻，我趁著他把重心往前移、左腳固定在地無法移動的瞬間，使出一記拋摔，順勢把他向前摔出。如果我的功夫夠好，這一切很可能在他眼睛還沒眨完之前就已結束。等他從地上起身時，仍然一頭霧水。

我在比賽中經常使用這類的策略，不只一次，對手在賽後過來找我，言語中暗示著我使用了什麼神祕的招數，明明前一刻他們還好好站在場中，下一刻他們已經被摔倒在地，卻一點也沒有感覺到或看到我有任何動作。其實，這其中並沒有什麼神祕手法，我只不過結合了有趣的心理、技巧和學習等三方面的原理。我看出他快要眨眼，再藉著利用他會下意識將重心移向前腳的時機來控制他的意向。如果我做得好，我的「一—二連招」動作應該讓人幾乎看不出來。我的主要目標就是要利用重心的分配。順帶一提，眨眼只是眾多選項之一，而且也一樣可以被化解。

在我爲了二〇〇四年世界冠軍賽做準備時，我的主要練習夥伴是我的好友，也是傑出的武術高手丹尼爾・考菲爾德。丹在他所屬的重量分組排名世界第二，他是個兇猛的競爭夥伴，有著深入的洞察力和哲學家的靈魂，使他的武術帶著獨特的風格。準備世界大賽期間，丹和我每晚都進練習場，以等同比賽的激烈程度練習。和這麼熟的好友交手，感覺很怪。我們對彼此的招式瞭若指掌，毫無祕密可言，因此我們的對決主要是心理戰。比賽前三個月，我們撂下狠話，不負責對方的安危。這個協議讓我們拋開顧忌，直接以參加比賽會使出的各種招式交手，毫無保留與節制。如果我們當中有一人表現不如水準，很可能會被打得很慘，懷著憤恨的心情直到隔日的練習再來雪恥。如果有誰察覺到另一人有外顯的跡象或弱點，便不斷猛攻，直到對方找出防禦改進的方法爲止。我們不僅在賽場中競爭招式，同時也是在磨練如何察覺對手弱點，以及不動聲色出招的技巧。

丹很聰明，勁力驚人，武術技巧又犀利過人，他連我最細微的習慣都淸楚得很，我連吐一口氣都可能會被偷襲。哪怕我只是稍微分心片刻，就會被撂倒在地。在這些激烈的練習中，彷彿連空氣都充滿了電流。我們將練習過程錄影存檔，我每週都會拿出來看。有些日子裡，我們當中有一人、甚至兩人的狀況都好得不得了。時間感覺起來像放慢了腳步，也有時像是加快了速度。有幾次，丹的狀況很好，我不過才眨了下眼睛，等張開雙眼時，人已經在半空中往場外飛了。這可是我的祕密絕技啊，從沒有人能把這招施展在我身上！顯然我有必要進行修正。於是我養成習慣稍微後退一小步，或在我眨眼時輕推向丹，讓他不得不微退抵擋，在兩人之間拉出一點距離，使他無法趁隙進攻。也有幾次，我練得很順的時候，故意眨眼引他進攻，導致他自己門戶大開，露出破綻。他很快就看出我玩的把戲，於是我們的心理攻防戰又繼續往前推進。如果我們兩人都發現一個露出破綻的問題，就想辦法消去這個破綻，讓它不再成爲問題；接下來我們再透過練習去發現其他破綻，一一擊破。就這樣，我們日復一日地磨練自己。

這樣的心理戰術其實幾乎存在於每個競爭性的領域，而且我所謂的**競爭性**定義十分寬廣。例如，汽車業務員與來看車的客戶，兩者便存有**對手關係**。不論在哪個領域，當兩個訓練有素的高手過招時，彼此都在試著攻入對方的思路。這樣的交手就像經典的網球拉鋸戰一樣，你來我往，一方感受到一個微小的機會，或許稍縱即逝，也或許可以把握利用；而另一方要能意識得到危險，防止對手洞悉自己的意念。

內斂的心理戰好手可以這樣長時間攻防，但在我的觀察看來，其實大多數人相對來說，並不明白自己所顯露的心理變化徵兆，使得敏銳的對手可以輕易利用。當我們碰上很會說話的談判員、業務員或律師時，要特別留意。要知道，這場交鋒的範圍遠超過傳統競賽場，當交手雙方有一方對議題內容的認識遠超過另一方，實力強的一方要用條件反射去影響較弱的另一方，可說是輕而易舉。美式足球的四分衛球員只不過眨了眨眼，圍在四周的防守球員就被引得互相衝撞；房地產大亨故意皺皺眉，不停看錶，擺出一副不耐煩的樣子，就唬得買家連忙出價；西洋棋手觀察對手下棋的節奏，雖然心中已經想好下一步棋，卻還是好整以暇地坐著不動，讓計時器繼續走動，直到對手如他所預期的想起身上廁所時才出手。這下對手要怎麼辦？猶豫著要不要浪費一分鐘去上廁所再回來？明瞭這些撇步，便可以讓你不致輕易被對手操縱，還可以讓你在面對心理戰高手時仍能搶得贏面。

要熟練地運用心理戰略，必須先打好技術基礎。其實，控制對方意念或攻入對方思路，一點也不像某些自吹自擂的「功夫大師」說的那麼神祕難懂。這項功夫與其他需要培養磨練的技巧沒有兩樣。前面幾章所描述的方法，正是將心理技巧內化吸收的途徑。

學習的王道

運用心理戰略也是一項需要培養磨練的技巧；關鍵在於深入觀察對手在什麼情況下會受影響，並且能不動聲色地利用對手的弱點。

第三部 融會貫通

15 專注當下

思路清晰、專注當下、臨危不亂，正是優秀人才與平庸之資的分野。

二〇〇五年十月，我在亞馬遜叢林待了兩個星期。當時我父親爲了新書《販賣夢想的人》，必須到巴西調查金礦採集與經營的情形，而我不放心讓老爸隻身走進叢林。好友丹想要一探亞馬遜叢林，因此也加入了我們的行列。我們大部分的行程都待在瑪瑙斯以南二百五十公里的吐帕納；用來連結文明世界的亞馬遜公路到了吐帕納段，從坑坑洞洞的雙線道逐漸變成一條泥巴路；茂密的叢林環繞四周，林葉在我們頭頂交掩，遮住了最後一絲空隙。每隔二、三十公里，便出現一個完全不曾被外界文明染指的小村落。在巴西的偏遠地區，人們深深敬畏分隔生與死的那條線。這裡沒有我們大多數人所習慣的層層保護措施；沒有雜貨店，沒有醫院，不幸遇到意外時，沒有救護車和警察救援。亞馬遜人相信，這座叢林虎視眈眈，等著吞噬不夠謹慎小心的生物。沒有人敢隻身走進叢林，大多數人會備著武器。

我們跟著嚮導瑪努爾在雨林待了半個月。瑪努爾是道地的亞馬遜人，生於吐帕納，年約五十，體格強壯，褐色雙眼炯炯有神，對亞馬遜叢林瞭若指掌。瑪努爾領著我們穿越茂密的森林，爲我們指出有療效的樹木、動物的足跡、昆蟲、猴子攀爬的藤蔓，和雨林的各種跡象。有時他會停下腳步，舉起一隻手示意。幾分鐘過去，我們靜靜佇立傾聽，林中的空氣充滿動物在附近覓食或移動帶來的生命力。瑪努爾手裡拿著獵槍，他的友人馬切羅也帶著一把獵槍走在隊伍最後頭。貓科動物是我們的心頭大患。

一路上，丹和我問了許多關於美洲豹的問題，因爲我們擔心夜晚穿越叢林可能會遇上豹。瑪努爾給我們一人一支矛，但他搖頭說道，如果美洲豹相中了你，你連掙扎的機會都沒有。雨林裡很少有人說自己看過美洲豹，因爲當你親眼見到美洲豹，應該已經來不及了。美洲豹通常不會找成群結隊的人下手，偶爾會傳出隊伍的最後一人被美洲豹從後方拖走。美洲豹是無聲的狩獵者，落單的旅人很容易被牠盯上。牠潛伏在枝椏伸得很長的大樹上，與林葉織成的頂篷融成一體；牠靜聽、牠等候，時機一到，就以迅雷不及掩耳的速度突襲，轉眼就已撲上獵物的喉頭。從瑪努爾口中聽來，他對於美洲豹的威猛與狡猾幾乎具有宗教般的敬畏。但要是我手上有一把中南美原住民用的大砍刀呢？有了大砍刀在手，我怎麼可能毫無勝算？

有個晚上，眾人躺在懸在森林間的吊床上。漆黑夜幕裡，各種聲響交織而成的交響曲此起彼落，瑪努爾說起一個朋友幾年前在叢林裡的遭遇。荷西從小在亞馬遜叢林生長，對叢林裡的聲響、氣味、跡象再熟悉不過。他知道如何用樹脂和煮過的樹皮、樹根和樹葉，治療各種你想得到的疾病。攀爬樹藤的身手和猴子一樣敏捷的荷西，每天夜裡帶著一管吹箭和蘸了毒蛙身上萃取的毒液的箭，到林中狩獵。荷西可以光靠聽覺與嗅覺出手，在伸手不見五指的黑暗中倏然靜止，側耳傾聽，隨即對著昏暗的林間擲出吹箭，擊中要作為盤中飧的獵物。荷西是極少數敢獨自闖入叢林的人。夜晚外出狩獵時，他會戴上一副設計成眼睛伸展到後腦勺的面具，好讓美洲豹不敢輕易從後頭突襲。他身上僅有的武器，是一支小小的吹箭，和一把像武士刀一樣的大砍刀。

有個晚上，荷西快速穿越森林準備回家，夜色逐漸湧上，他背上綁著剛剛捕獲的一隻小水豚①。突然間，他全身浮起雞皮疙瘩。他停下腳步，仔細聆聽，聽見美洲豹深沉的低吼聲；他嗅到豹身上的氣味，想來離他不遠。他伸手去摸吹箭，暗叫不妙——經過整晚的狩獵，袋裡已經一支吹箭都不剩。荷西站在一棵常被亞馬遜人用來做遠距傳聲的巨樹旁，拔出大砍刀

①譯註：capybara，亦稱南美無尾大水鼠。

快速地前後揮動，同時敲擊外露的巨大樹根，在黑夜中傳送鏗鏘的求救訊號。這些震動可以傳到一公里半之外，期待他的兒子前來救援。

荷西駐足原地，靜靜等候。過了一會兒，一隻體型龐大、看來將近一百公斤的黑色美洲豹，從六公尺外的樹上滑下，慢慢向他走來。黑豹閃閃發亮的黃色眼睛，彷彿兇神惡煞。荷西知道如果他拔腿就跑，美洲豹會立刻撲上來。他將當晚的獵物往前扔到地上，穩住腳步，有節奏地揮舞著刀，準備奮力一搏。黑色美洲豹直直向他走來，但在離他兩、三公尺遠時改變主意。牠開始前後踱步，保持距離，但目光從未離開荷西。牠注視著大砍刀，眼光跟著武器移動。

起先，荷西並不擔心美洲豹如此來回踱步，他以為美洲豹或許在猶豫，要不要把目標轉到地上的小水豚屍體。時間一分一秒逝去。荷西揮舞大刀的手臂累了。他盯著黑豹腿上隨著走動而起伏的肌肉，想像它們承載著猛獸全身的重量。只許成功不許失敗。當黑豹撲上來時，荷西一出手非得砍中黑豹的頸部，或至少卸下牠的一條腿，還要避開利爪攻擊。這些瞬間的動作和反應幾乎沒有考慮的時間。然而，對峙等待的內心煎熬逐漸蝕去荷西的鬥志。他整個人緊繃在一觸即發的備戰狀態，而黑豹好整以暇地繼續踱著步子，黃色的雙眼在黑暗中發亮，不知不覺又逼近了一些。人豹之間距離縮短為兩公尺，接著又縮短一些。十分鐘後，緊繃的態勢讓全身汗濕的荷西難以忍受，他的右手臂因提著沉重的大砍刀太久而微微發抖。他把刀換到左手，暗自希望美洲豹沒發現他喘口氣換手拿刀的片刻。他感到昏昏欲睡，彷彿受到黑豹的催眠。恐懼席捲而上，叢林之子逐漸崩潰。

十五分鐘後，黑豹的速度加快。牠逼得更近，俯下身子，盯著無動的大砍刀，接著又重新踱起步來。牠在找有機可乘的縫隙，在感覺武器揮舞的節奏。荷西已然精疲力竭，他的神經緊繃到像是快要斷裂。黑豹的黃色雙眼逐漸征服了他。荷西微微顫抖，開始啜泣，往後退了幾步。這是個錯誤的反應。美洲豹猛地上前，露出利齒，伏低身子，準備一躍而上。荷西鬥志盡失，只能坐等黑豹撲上。就在這時，夜空中傳出一聲槍響，伴隨著喊叫聲。黑豹轉過身。又是一聲槍響。接著兩名年輕人高聲叫嚷著穿過灌木叢，跑了過來。荷西的兒子拿起獵槍瞄準黑豹，但黑豹靈巧地遁入黑暗中，只留下飽受驚嚇的荷西癱坐在地流淚哭泣。過了三年，荷西仍未從這場驚險對峙中恢復過來。村裡的人都說他瘋了，說他的魂被嚇跑了。

在亞馬遜叢林的夜裡聽到如此驚險的故事，我發現自己頗能體會掠奪者與獵物雙方的心理狀態。過去下西洋棋時，我常常刻意在棋桌上製造各種混亂的局面，直到對手承受不了壓力而敗退。我喜歡未知，我喜歡問題，而我的對手想要的是答案。當棋桌上找不到答案時，我一派從容，而對手卻手足無措，於是，整盤棋局便落入我的掌握之下。後來，我更善於運用心理戰術，棋桌上的局勢又有了變化。我頭幾回和世界級特級大師對弈時，常像荷西一樣被擊得潰不成軍。客觀來看，棋盤上的布局似乎勢均力敵，但隨著棋桌上的緊張態勢逐漸升高，彷彿有個鉗子在我頭頂越鉗越緊，直到我的忍耐到了臨界點，忍不住稍微讓步，就像當時荷西向後退一樣；哪怕小失誤會改變了整盤棋的面貌，我只想釋放思路中的壓力。但特級大師亦步亦趨，隨即吞噬了我。

特級大師很清楚如何把對手逼到極限，讓對手忍不住將最輕微的意志動搖化爲實際行動。面對這樣的高手，我唯一的反制之道就是不讓自己受到壓力影響，反而正面承受壓力，直到我能輕鬆地像在公園散步一般，仍能長時間思考、設法解決傷透腦筋的複雜難題。畢竟，頭頂的鉗子只是我的想像。我花了不少時間和工夫去練習，學會如何刻意**維持緊張局勢**，坦然面對節節升高的壓力。日後學習武術時，我將這個訓練經驗化爲個人優勢，靠著對心理壓力的承受度，逼得對手因心慌意亂而衝動出手。

在每個專業領域，思路清晰、專注當下、臨危不亂，正是優秀人才與平庸之資的分野；遇到比賽時，這項能力的勁道往往顯而易見。如果某個選手平靜地專注於賽事，而另一名選手卻被心理因素弄得思緒不寧，則兩者立見高下。當某一方失去客觀判斷的能力，接二連三犯錯，掠奪者便伺機發出致命一擊。這項因素在寫作、繪畫、學術思考或學習等個人領域雖然不是那麼明顯，卻更爲重要。在沒有對手提供刺激的情況下，我們要當自己的監督者，而專注的品質往往是最好的衡量標準。如果「虛應故事」成爲生活的常態，怎能期待自己有所收穫？另一方面，如果常常讓自己進入深度而靈活流暢的專注狀態，那麼不論是生活、藝術或學習，就能產生更豐富的深度，不斷帶給你驚喜。出類拔萃的人，往往懂得把握每個片刻的潛在創造力——這些深諳生活藝術的人，在日常學習中便能認眞專注；不像一般人只能在千鈞一髮的緊張高潮時刻，才能達到「純然專注」的狀態。

想要脫穎而出，關鍵在於訓練自己時常進入「千鈞一髮」的狀態。練習時越是投入，眞正上場時就更能全力以赴——不論是在比賽、會議室、考場、手術台，或是大舞台。如果我們期望自己表現出色，即使在壓力下也能展現本領，就必須讓自己的生活態度更積極自律。最終目標是，把專注力訓練到像呼吸一樣。

學習的王道

想要脫穎而出，便要訓練自己時常進入「千鈞一髮」的情況下所能達到的高度專注。平時練習時越是投入，真正上場時就更能全力以赴。

16 尋求專注狀態

短暫的放鬆，讓我走更長遠的路。

要怎麼樣才能隨心所欲地進入專注狀態，讓它自然而然變成一種生活方式？要怎麼樣才能在壓力下集中注意力，遇到緊急情況仍能保持冷靜、不失理智、克服令人分心的雜念？遇到情緒失控的時候，該怎麼辦才好？

在本書第一部，我以自己的學習過程爲架構，述說過去學習西洋棋的經驗。接下來，我想從表現心理學家的角度，簡要地探討那幾年的起伏。當童年的我全心沉浸在西洋棋局中，全世界似乎離我遠去，只剩我和我的西洋棋叢林。每到這樣的時刻，母親總說我似乎變成一個老人，彷彿上輩子就會玩西洋棋。我一下就是幾個鐘頭，那種專注的程度讓母親相信，要是把手放在我的雙眼和棋盤之間，大概會被灼傷。但也有些時候我容易分心，在公園裡邊下棋邊嚼著泡泡糖，看著四周圍觀的人群，對他們微笑。某一天我到底會不會專心很難講，而我的父母和教練只能坐在一旁，看今天面對的是專心還是不專心的喬希。

一段時間後，我開始參加比賽，必須讓自己的表現更穩定，所以我花工夫在專注力這門課題上。即使我很想起來四處走動，仍然極力按捺；當我煩躁不安時，我壓抑情緒，更認眞面對棋局。我是個意志堅定的競賽者，從不輕言放棄。而我那早熟的妹妹，才三歲大，就懂得利用我不認輸的個性。我們到巴哈馬海灘度假時，她拿好幾個椰子要我敲開。我在陽光下一敲就是幾個小時，直到終於敲開椰子，讓她開心地捧著椰子，邊走邊啜飲椰子汁。過去參加分齡賽時，我總是能比對手投入更多心力。我和對手的纏鬥如果是意志力之爭，我一定會獲得最後的勝利。

當我開始參加成人賽，我刻意投入的心力和專注有時反而對我不利。你或許還記得，我在第五章提過，音樂或其他令人分心的雜音，會不斷盤旋在我腦中。起先我試著摒除外界的干擾，試圖維持安靜，但這種作法反倒凸顯了噪音。不知何處傳來的旋律、場邊觀眾的交談、遠處的警笛、滴答作響的比賽計時鐘，都會占據我所有思緒，直到我感覺幾乎再也走不出一步棋爲止。後來我終於突破障礙，學會跟著音樂的節拍思考，坦然面對引人分心的因素，並且找到內在的專注力量，不管外在環境有多紛擾，也能集中心神。多年來，我訓練自己面對條件不佳的環境，其至把干擾化爲助力。

後來的演變，讓這個訓練受到更大考驗。電影《天才小棋王》在我十五歲那年上映，我的生活一夕間變了樣。我一下子成爲媒體追逐的焦點，飽受壓力。當我參加比賽時，仰慕者團團包圍，攝影機拍個不停，其他棋手對我發出嫉妒的嘖嘖聲。如果我當時成熟點，或許可以把先前克服被噪音分心的經驗，轉而應用在這個更容易分散心神的困擾上，但當時的我已經失去平衡，仍試圖用意志力排除一切。我不但沒有隨著生活的新脈動而調節，反倒一味投入大量精力去面對每一場比賽。

還記得，有兩場比賽我像著了魔似的。其中一場棋賽是美國少年組冠軍錦標賽中，與羅馬尼亞棋藝高超的特級大師史瓦茲曼（Gabriel Schwartzman）的關鍵性對決；另一場則是一九九四年美國冠軍賽，對手是我當時的教練——特級大師卡依德諾夫（Gregory Kaidanov）。這兩場比賽對我的棋藝和情緒都是莫大考驗。我全力以赴，但背負的壓力卻有點過了頭。兩場分別長達四小時的激戰一下子就過去了，除了棋賽，我腦子裡一片空白。在我們對峙的某個片刻，當我目光如劍地盯著棋盤、思索接下來的棋步時，史瓦茲曼起身走到觀眾席旁告訴我父親，他從未看過我這個樣子——注意力如此強烈，讓坐在對面的他望而生畏。與卡依德諾夫對弈時，我覺得自己像柙中猛虎，全身散發出原始的能量。這兩場比賽我都獲勝，可說是歷來最靈感泉湧的比賽經驗。而我在這兩場比賽後都感到精疲力竭，而且在這兩次錦標賽賽程中，我都是在贏得重大對決後，接下來卻一敗塗地。我在單一一場比賽就用盡所有精力，毫無餘力可以應付接下來的賽事。

簡單來說，當時的我狀況不怎麼好。我本來訓練自己在比賽這種場合時，可以應付讓我分心的事物，但鎂光燈和眾人矚目的壓力，讓我難以招架。單一一場比賽，我克服得了這些問題——我一向都能在大比賽使出全力——但是卯足全力卻把我榨乾了。在高階西洋棋領域，有不少大戰型的棋局；而在漫長、膠著的錦標賽中，這種激烈的鬥智常是一場接一場，為期好幾天、甚至好幾星期。我知道如何用短跑衝刺般的拚勁在單場對決中排除干擾，讓自己專心，但是在馬拉松式的賽程裡，我常常還沒跑到終點就已經全身虛脫。表現不夠穩定成為我最迫切的問題。狀況好的時候，我在棋桌上所向無敵；但碰到狀況差的時候，我在棋桌上的表現一場糊塗。到這個時候，我該學習的是如何讓自己在達到巔峰表現之餘，又能保持健康的心態，自己創造動力，且能長期持續。

一九九六年秋天，我父親讀了一份有關運動心理學家羅爾的資料。羅爾在佛羅里達州奧蘭多市主掌ＬＧＥ表現訓練中心（已更名為「人類表現學院」），該中心除了羅爾以外，還包括頗受尊崇的運動營養學家葛拉波，和嚴謹的健身教練艾卻貝瑞。這個中心的宗旨在於融合身／心雙方面的訓練，讓運動員的表現更精進。我在一九九六年十二月第一次南下到ＬＧＥ時，該中心已經成為所有優秀運動員的朝聖之地；在這裡，運動員攝取食物的營養經過專業計算、固定接受精密的日常體能訓練，也使職業運動與私人生活之間取得平衡。世界級網球選手、高爾夫球員、NFL和NBA球星、奧林匹克運動選手、頂尖企業執行長、聯邦調查局幹員……不論何時，你都可以看到各行各業的精英在該中心設備先進的健身房運動，和運動心理學家會談，或是與他人閒聊彼此經驗的相似之處。

我永遠忘不了在LGE重量訓練房的頭一個下午。當時我在健身教練陪同下進行體能測驗。在測驗過程中，我運用到過去從不認識的肌肉部位，突破過去所知安全或能力所及的體能極限——而我很享受這種突破的感覺。這是我頭一次體驗到如此專業與先進的體能訓練，嚴密的程度相當於我多年來在心理上的調適訓練。在訓練房裡，我騎在精密先進的腳踏車健身器上，汗流浹背，身上還連接著各種監測器。有人從後面拍我的肩，一回頭，只見吉姆．哈柏咧著嘴對我笑。吉姆當時是美式職業足球聯盟NFL印城小馬隊的明星四分衛球員。我向來是紐約噴射機隊的球迷，並不常爲吉姆的隊伍加油，但多年來我常看他打球，很佩服他奮勇向前的進取心。他的臂力強大無比，素以能在最後關頭反敗爲勝出名，是一位優秀的運動員。我很驚訝聽到吉姆說，他也熱愛西洋棋，而且長久以來一直在注意我的比賽動態。我們兩人立刻展開熱烈討論，比較頂尖西洋棋手和NFL四分衛在心理上面臨的問題。我詫異地發現，兩人竟然面臨相似的難題。在LGE健身房的這場談話，是我第一次意識到，學習與表現的原理與內涵，適用於各個領域。

我期待在LGE克服的兩個糾結的難題，分別是身爲競賽者應該要有的穩定表現，以及電影《天才小棋王》帶來的包袱。在我二十歲那年第一次南下到奧蘭多時，我仍然是個直覺型的表演者，被內心的強烈情感、內化後的經驗和驅動力三者自然融合而成的力量所驅使。如同前文所說，當情況不順遂時，我的習慣是猛踩油門，用強烈的專注把對手和我自己都狠狠打倒。就長期來說，這種作法顯然不甚理想。

我在LGE的主要訓練員是見解獨到的運動心理學家戴夫．史崔捷爾。多年下來，戴夫和我發展出密切的合作關係，即使我沒到奧蘭多接受訓練，兩人也常通電話。我們的對話激發了不少寶貴的洞見，但最具爆炸性的發現，源自兩人第一次談話時一個完全不相干的問題。我還記得非常清楚：在花了幾個鐘頭說明我的生活方式、職業性質，和目前遇到的問題後，戴夫靠回椅背，搔了搔頭問道，在西洋棋桌上，如果在專注思考以前先放鬆片刻，那思考過程的品質會不會更好？這麼一個簡單的問題，卻引導我大幅改變讓自己達到巔峰表現的訓練方法。

那個晚上，花了一整天與戴夫、羅爾，和葛拉波熱烈對談後，我坐在手提電腦前，打開西洋棋筆記，花了幾個鐘頭去回顧幾年前的比賽。在西洋棋錦標賽中，棋手一邊下棋，也一邊記載棋位。棋盤是個格子圖，從白棋角度來看，垂直列由左至右，以字母a至h標示，水平行由下到上，以數字1至8標示。每下一步棋，棋手會記下棋步，例如 Bg4 或 Qh5，意即主教移至 g4 或皇后移至 h5；通常棋譜下還墊了複寫紙，以便保留所有棋局的紀錄。過去這幾年，我在記錄棋譜時，還順便寫下每一個棋步所花的時間。這樣做有助於管理時間，但經過與戴夫的第一次會談後，回顧過往的棋譜，讓我發現有趣的模式。我發現，當我狀況好的時候，通常只需花二至十分鐘的時間簡單思考；而當我狀況差的時候，有時會陷入超過二十分鐘的長考，而這樣的苦思常導致不正確的判斷。更有甚者，如果我連著幾步棋都是長考下的產物，我的決策品質似乎也隨著每下愈況。

隔天早上，戴夫和羅爾向我介紹該中心的**壓力與復原**概念。LGE的生理學家發現，近幾年來，在所有領域表現出眾的翹楚，幾乎都會運用這個概念。能夠在不活動的短暫片刻徹底放鬆的選手，多半都能在戰況激烈緊繃時撐到最後。這也是爲什麼我們會看到藍道和山普拉斯等網球名將，不論上一球打得是好是壞，遇到短暫空檔，都會做出調整球拍這樣和緩的動作，但同時他們的對手卻可能爲了一句誤判而怒火中燒，或因興奮激動而握拳叫好。而高爾夫名將老虎伍茲，帶著閒適而不失專注的眼神，慢慢走向下一個發球點。還記得麥可・喬丹坐在場邊，肩上披著毛巾，在重新下場前的短短兩分鐘完全放鬆的模樣；哪怕球場內的公牛隊友需要他支援，他仍能一派輕鬆地休息片刻。他的恢復時間之短，遠超過我所見過的其他運動員。吉姆告訴我，他第一次在自己身上發現這個休息模式的經驗。當時吉姆還是個熱血沸騰的年輕球員，常常在輪到己方防守的時候爲場內隊友賣力加油。但是到LGE接受第一回合訓練後，他發現，如果在場邊休息時能放鬆下來，完全不要去看對手怎麼進攻，隨後在場上的表現就有明顯改善。不要想那麼多，下一回上場更敏銳。

這麼說來，我不必在西洋棋局進行中的每一分每一秒都高度集中精神，眞是輕鬆得多。輪到對方出手時，我的心態及作法和以前大不相同。以前的我即使是在對方出招時，仍然絲毫不敢放鬆；而現在我學著稍微釋放壓力。我或許會用抽象的方式去思考布局，甚至會起身離開棋桌，喝喝水、洗把臉。等我的對手走了一步棋，我帶著煥然一新的活力回到棋桌邊應戰。經過這種心態上的調整，我很快發現自己的表現有了進步。

接下來的幾個月，我更能掌握思考過程的品質，也發現如果我在棋桌上思考時間超過十四分鐘，我的思考就會不斷重複而且失去準頭。注意到這種情況後，我學會監測自己的思考效率。如果思考開始失去效率，我會暫時把問題拋開，恢復一下精神，再重新回到棋桌上。到後來，面對複雜的棋局時，我可以全神貫注地深入思考三十至四十分鐘。短暫的放鬆，讓我走更長遠的路。

LGE以科學方法研究如何集中以及放鬆精神。研究人員發現，不論在哪個領域，復原的工夫做得越好，就越能在壓力下發揮毅力與潛力。這項體認是很好的起點。但我們要如何學習放空？NBA季後賽的延長賽緊要關頭，球員站在罰球線的當下，或是在足以影響職業生涯的簡報時刻，要當事人放空一切，說得輕鬆，做起來不容易。這種情況下，正是身心相通的道理派上用場的時候。

ＬＧＥ的健身教練教我在配有心跳監測器的健身腳踏車上做心血管間歇訓練。我的騎速必須要讓每分鐘轉速（ＲＰＭ）保持在一百以上，阻力強度必須在運動十分鐘後讓心跳達到每分鐘一百七十下。接著我降低阻力強度，輕鬆地騎一分鐘——我的心跳回到每分鐘一百四十四下左右。接下來，我再次調高阻力，心跳在一分鐘後再次升高到每分鐘一百七十下。接著我放鬆地騎一分鐘，然後才又再度加速……就這樣快慢相間、反覆不斷。我的身體與心智在奮力與放空間來回。隨著訓練的次數增加，我的心跳所需的恢復時間也逐漸縮短。我的體能狀況越來越好，需要更高難度的運動量才能讓心跳加速，同時，讓心跳減緩所需的休息時間也縮短。很快的，我的休息間隔只需四十五秒，接下來卻能衝刺得更久。

這種體能調節訓練的神奇之處在於，才不過幾週時間，我發現自己參加棋賽時，很明顯地更容易在該專注時專注，該放鬆時放鬆。ＬＧＥ的專業人員找出一項生理上的關聯——心血管間歇訓練，對於快速釋放緊張壓力和恢復心理活力的能力，有深遠的影響。不僅如此，生理的興奮激動，往往使心智思考更清晰。有好幾次，我從緊張萬分、連續攻防幾個鐘頭的棋賽中起身，走出比賽會場，衝刺個四、五十公尺或連爬六層樓梯，洗把臉再回到棋桌邊，頓時感到精神一振。

直到今天，我所有的體能訓練項目都環繞著各種形式的「壓力與復原」主題。例如，在重量訓練時，LGE的教練群教我要精準地監測每套動作之間的時間間隔，好讓肌肉有足夠的時間恢復，同時又受到相當壓力去加快恢復的時間。當我開始這樣的間歇訓練時，如果我做三套每次十五下的臥舉，我在每套動作間停頓四十五秒。如果舉重的重量增加，做三套每次十二下的臥舉，我在每一套之間的休息時間便需要五十秒；如果每套練習重複十下，那我需要五十五秒的間隔；如果我舉的重量更重，做三套每次八下的練習，我會在間隔中停頓一分鐘。這個基準適用於一般的運動員體能訓練。只要固定訓練，假以時日，哪怕肌肉生成，必須拉高體力極限，休息期也可以逐漸縮短。

這些年下來，我從身體或心理的疲勞復原的能力越來越好。雖然在西洋棋生涯中，這麼激烈的體能訓練似乎並非必要，但在武術訓練上，這種訓練的重要性則是不言而喻——不論是在每個回合間的三十秒休息時間，或是每場對決長短不一的間隔中，能夠迅速恢復的選手，遠比生理或心理還受到前一場比賽影響的選手更占上風。從力學的層面來說，太極拳的真正威力來自由虛至實，或由柔至剛的爆發力。所以有很多時候，我都是在迅速的拳腳過招中，快速地在剎那間釋放所有的緊張。到最後，藉由類似我在第十一章〈畫更小的圓〉所說明的漸進式訓練，恢復時間可以縮短到近乎一瞬間。一旦復原能力變得像是反射動作一樣，我們即使在最緊繃的情勢下，也能利用這訓練有素的恢復力，爲自己創造小小的喘息瞬間，短暫到連旁觀的觀眾都看不出來。

在表現訓練中，要能熟練操控專注狀態的第一步，就是先練習壓力與復原的消長。這個練習要用到前面提過的間歇訓練，難度則依受訓者的年齡和體能狀況而定。當然，訓練可以有許多種形式。我們舉的例子是腳踏車，但若你喜歡游泳，你可以試著逼自己游到體能允許的極限，接著休息一、兩分鐘，再重新加快速度，反覆多次，而不只是一直來回游，游累了才上岸。我建議讀者可以試著照前面提過騎單車訓練的例子，先設定出間隔的節奏，然後勤加練習，試著增加衝刺時的強度與耐力，並且逐漸縮短休息時間，很快的，你就可以達到目標。同樣的訓練模式還可以運用在慢跑、舉重、武術練習，或任何有氧運動上。

如果你有意進一步提升自己的表現，我建議你將壓力與復原的節奏，融入日常生活各方面。我自己喜歡打破生活中的人造障礙，讓生命中的每個時刻因爲互相聯結而更豐富。所以，看書看久了發現自己漸漸失去注意力，那就把書放下，做幾個深呼吸，再帶著神清氣爽的目光回到書上。上班時發現自己越來越無精打彩，不妨休息片刻，去洗把臉，恢復精神，再重新投入工作中。每天不妨花個幾分鐘做簡單的冥想練習，讓意念隨著呼吸集中與放鬆，這個練習有助於把生理的間歇訓練和心智結合。如果你覺得冥想訓練的經驗很好，就可以逐漸加強心理的耐力，投入更多時間練習。在適當的練習下，太極拳、瑜伽，或其他許多形式的靜坐冥想，都是很好的練習工具。

隨著我們越來越能輕鬆自如地釋放緊張、恢復精神，我們也能輕鬆掌控注意力的集中與轉移、腎上腺素分泌與下降，或是體能的高速運轉與放鬆。我無法用言語告訴你，從全神貫注一下子轉移到完全放鬆的感覺有多麼自在。這種能力除了增強你的體能與心理抗力，也能開啓某些意料之外的可能性。這樣一來，你的意識可以隨心所欲地適時放鬆，你的潛意識泉湧而出的創意令你滿心愉悅。你將會與直覺更爲契合，也會越來越忠於自身的感受。第十三章〈讓時間慢下來〉曾提到潛意識可能發揮的深遠力量；而我們若要擷取潛意識的潛力，關鍵第一步就是能在壓力下自在地放鬆。

間歇訓練是成爲穩定的長期表演者的重要基礎之一。如果你花幾個月的時間，每天在日常生活中好好做壓力與復原練習，便能打下良好的生理基礎，訓練自己成爲抗壓性高、表現穩定的表演者。下一步，便是要主動創造激發自己進入這個境界的觸發機制。

學習的王道

「壓力與復原」訓練，可以運用在慢跑、單車、舉重等運動上，也可以融入日常生活。越是能輕鬆自如地在「全神貫注」與「完全放鬆」之間轉換，越是能增強心理與體能的抗壓性，成為表現穩定的表演者。

17 啓動「專注」模式

深入日常的平淡，去挖掘蘊藏在人生中的豐富，才是成功以及幸福快樂的泉源。

在激烈競賽或任何其他挑戰性環境中，很多人在中途休息時無法徹底紓解緊張情緒，深怕一旦放鬆後，便再也沒辦法恢復專注。如果專注是運氣好才能達到的狀態，那我們好不容易集中了注意力，怎麼能輕易放鬆？這種想法是成長過程造成的。小時候，父母和老師告誡我們要「專心」，如果我們分心去看夜空中的星星，免不了受到訓斥。如此一來，孩童便將不專心和「不乖」畫上等號。我們用盡一切的力量去保持專心，直到有一天承受不住而崩潰。雖然在我的西洋棋職業生涯後期，我常因爲在某一場棋賽太過專注而讓自己元氣大傷，但在我早年參加西洋棋分齡賽時，父親和我對於儲備戰力自有一套好辦法。我遇上的少年對手的教練多半以軍事訓練的態度，面對這些比賽。指導老師和家長要孩子趁著休息空檔仔細分析棋局，想到辦法就來個「機會教育」，而我卻是跑出去和父親玩玩拋接球，或者打個盹。或許，我能在比賽表現出色並不是沒有原因的。我老爸很有一套。

令人詫異的是，許多選手在休息空檔都是這麼耗費心力，對自己有害無益。每次我去參觀西洋棋分齡賽，總會看到一些教練格外費心，或希望在家長面前有所表現，在學生剛結束兩小時的比賽，離下一場比賽只有一小時的休息時間裡，還滔滔不絕地耳提面命。拜託，讓孩子休息一下吧！充電比臨時抱佛腳更重要——在高階比賽中，選手的恢復力往往有關鍵性的影響。在爲期超過兩週的西洋棋錦標賽中，最具決定性的因素是競賽者在夜晚能不能安然入睡。即使是實力最堅強的特級大師，也需要在最後衝刺期有充沛的精力做後盾。

在武術世界裡，恢復力更是格外重要；能夠一等就是好幾小時、而且不至於緊張過頭或失去冷靜的能耐，使武術選手尚未交手就分出高下。大型賽事在每場比賽之間的停頓時間很長。有些選手讓自己嚴陣以待，隨時準備出手，就怕輪到自己上場時，情緒還沒準備好。較有經驗的選手懂得放鬆，戴著耳機打盹。他們不會讓自己在踏上賽場之前，輕易浪費力氣。

這個現象不只出現在西洋棋與武術這兩門技藝中。我們並不是在拍好萊塢電影，在眞實生活中，高潮往往在平淡無奇的許多個小時、許多個日子、許多個星期，或者許多年後才會出現。在那一刻突然來臨時，我們如何讓自己做好充分準備地登台上場？

我的答案是，重新定義這個問題。我們不僅要善於等待，還要愛上等待。等待其實並非等待，它就是人生。我們當中有太多人未曾全心付出去過生活，總是等著所謂人生眞正開始的那一刻，於是許多個年頭就在平淡無聊間逝去，但這還沒什麼太大的關係，因爲等我們的眞愛到來，或等我們發現自己眞正的天職，我們就會開始投入。當然，如果我們不專注於當下，眞愛可能會來了又遠去，我們都還毫無所覺，而我們終究不會成爲那個原本可以擁抱眞愛的**你或我**。我認爲，懂得欣賞簡單、深入日常的平淡，去挖掘蘊藏在人生中的豐富，才是成功以及幸福快樂的泉源。

順著這個主題來說，當我們談到表現狀況的問題時，不要只注意競爭搏鬥中罕見的高潮時刻。如果你滿心期待決定命運的高潮時刻，那麼當那個時刻來臨，你會興奮緊張得過了頭。要在緊要關頭成功，你必須先將一些健康的模式融入日常生活中，等壓力來臨時，這些健康模式對你而言都早已發乎自然，無須刻意。當我們眞的如水一般柔軟、能有滴水穿石的功夫，便能顯現逐步成長的力量。在一切都很順暢時，我們只需要保持流動。

這幾年我常應邀以表現心理學爲主題發表演講。幾年前在洛杉磯一場活動開始前，一位美邦公司的頂尖營業員來找我。我們姑且叫他丹尼斯。丹尼斯說他很難達到良好表現狀態，每到重要會議或感受到期限壓力時，就很容易分心，他希望我能給點建議，幫忙找出他的「熱鈕」(hot button)。丹尼斯知道有些職業運動員有固定的個人儀式，幫助他們在正式上場前，穩定地進入最佳狀態，但他就是找不到合適的儀式;不管是歌曲、冥想練習，或進食模式，他就是沒辦法達成願望。丹尼斯希望找到一首能把他送進專注狀態的歌曲。他問我該怎麼做。

這是我在許多表現不夠穩定的表演者身上常看到的問題。他們試圖找尋激勵自己達到巔峰表現的觸媒，彷彿完美的激勵工具就高掛在天邊等著被發掘，但這種想法最後卻只帶來沮喪與困惑。而我的方法是先回溯過去的經驗，然後自行創造觸發的機制。我問丹尼斯，日常生活中什麼時候會覺得最接近寧靜和專注。他想了想告訴我，和十二歲的兒子傑克玩拋接球的時候，他會感到非常快樂，世間的紛擾似乎都不存在。他們父子倆差不每天都會玩拋接球的遊戲，而且傑克似乎和他父親一樣也喜愛這個親子活動。太棒了。

我觀察到，幾乎所有人都和丹尼斯一樣，找得到一、兩項讓自己感到享受、愉悅的活動，但他們通常都認爲「那不過是休息」。眞希望他們了解，這些「休息」多麼有價值。我再次強調，什麼樣的活動能讓你獲得平靜並不重要——不管是泡澡、慢跑、游泳、聽古典音樂，或是邊淋浴邊高歌，只要是最能讓你感到放鬆又專注的活動，意義就相當於丹尼斯和兒子玩球。

接下來，要設定由四、五個步驟組成的一套固定儀式。丹尼斯已經提過音樂、冥想、伸展運動和吃東西等選擇，我建議他，下次和兒子玩拋接球之前，先吃些小點心。我們選定了他平常自己用果汁機打成的水果豆奶奶昔。吃了點心後，他就到安靜的房間做十五分鐘的呼吸練習，這是他幾年前學到的簡易冥想技巧，用意是專注在自己的呼吸上。當他發現自己開始分心，便讓那念頭如雲般飄走，再把注意力重新移到呼吸上。初學者可能會倍感挫折，因爲他們發現自己的思緒四處遊走，難以掌控。事實上，將注意力重新拉回呼吸上，才是這個冥想形式的關鍵。這個練習沒有所謂做得好或壞的差別，重點是跟隨自己的呼吸，發現思緒開始流動時將之釋放，再重新將注意力移回呼吸上。我相當推薦這樣的冥想技巧。讓自己專注於呼吸，不僅得以體會專注境界——也就是專心致志完全不受干擾的片刻——而思緒升起與消退的轉換，是另一種形式的壓力與復原訓練。如果你在生活中找不到任何帶給你平靜的活動，那麼冥想能幫助你找到切入點，發掘適合的個人化程序。

在丹尼斯花二十五分鐘用過點心、做完呼吸練習後，下一步驟是進行當年他在高中打美式足球時學到的一套伸展運動。我問丹尼斯平常聽什麼音樂，他的音樂喜好非常廣泛，從重金屬的「金屬製品合唱團」，到鮑伯・狄倫，到古典音樂都有。我自己也喜歡鮑伯・狄倫，於是我們選定一首優美柔和、**時間比較長**的狄倫作品：〈眼神憂傷的窪地女子〉。任何形式的音樂都可以，只要符合個人喜好即可。聽完音樂後，丹尼斯找兒子一起出門，一如往常地玩拋接球遊戲。我告訴丹尼斯，以平常心去享受親子活動時光。

我們就這麼定出一套儀式：

1 花十分鐘吃點心
2 做十五分鐘的冥想
3 十分鐘的伸展運動
4 聽十分鐘的鮑伯·狄倫
5 和兒子玩球

丹尼斯每天照著這套程序做，持續了差不多一個月。儀式中的每一個步驟對他而言都是再熟悉不過，而玩球本來就很愉快，因此整個過程毫無壓力。

這個過程的下一步極爲關鍵：在丹尼斯完全吸收這套儀式後，我建議他在有重要會議的當天早上把儀式走一遍。丹尼斯便將這套儀式的性質，從「和兒子玩球」的引子，轉化爲展開工作的前奏。他發現這麼做效果很不錯；即便置身於過去令他感覺充滿壓力的環境，現在也能氣定神閒，在整場會議中都能全神貫注。

創造個人觸發機制的重點，在於儀式與隨後的活動之間，形成了生理的連結。例如丹尼斯和兒子玩球時一定是專注的，因此我們只需要建立起一套儀式，使他與玩球的心理狀態連結（總不能讓丹尼斯帶著傑克到處走）。一旦你吸收內化了這套儀式，就可以在重要活動前先做一次，就會進入類似的心理狀態。我再次強調，每個人的儀式視喜好而定。如果丹尼斯喜歡，他也能選擇翻筋斗或後空翻、放聲尖叫、游個泳，才去和兒子玩球。練習久了，儀式中的步驟就會與進行令你專注活動的心理狀態產生生理連結。我傾向採用類似丹尼斯的儀式，因爲這樣的步驟輕便簡單，到哪裡都可以做，而且似乎較能促進「保持放鬆的專注狀態」，但絕對可以隨個人喜好而定。

過去十年，我一直都用自己建立的個人儀式做賽前準備。參加西洋棋錦標賽時，我會花一個小時聽安撫情緒的音樂，邊做冥想練習，接著才上場應戰。後來我開始參加武術比賽時，已經明白如何在壓力下進入巔峰表現狀態。因此，面對那些和我一樣出賽經驗較少的對手，對我並不是太大的問題。直到我面臨前所未有的難關。

二〇〇〇年十一月，我到台灣參加比賽，挑戰推手世界冠軍頭銜。在這之前，我從未參加過國際武術錦標賽，第一次見識到滿場吶喊加油的觀眾，與成千上百名各國選手在各國國旗引導下進場的盛大開幕儀式。這場錦標賽共有來自五十幾國的選手，各有各的訓練風格。當我看到其他選手暖身時，他們的體能狀況和純熟的技巧讓我印象深刻。對於環境的陌生感強化了對手帶來的威脅，我感到心慌意亂，便開始進行我的儀式。當時我做的是爲時三十分鐘的想像冥想練習。練習結束時，我迫不及待要上場。當時是早上九點鐘，我的賽程被排定在那天的頭幾場，我也已經準備就緒，但萬萬沒想到，漫長的等待才正要開始。

時鐘緩緩走過了十點鐘、十一點鐘。我和主辦單位語言不通，也沒人告訴我，何時才輪到我上場比賽。我先前就聽說對手是個台灣的明星選手，但我沒見過他。沒多久我餓了，但現場不供應餐點，而我的隊友和我都以為第一回合比賽會在一大早舉行，所以我們沒準備點心——真是失策。有人告訴我，大會會在比賽開始前五分鐘廣播通知選手上場，如果未準時到場邊報到便視為棄權。我只好餓著肚子等上好幾個小時，準備隨時報到上場，深怕自己離開會場會錯過比賽。

好不容易到了中午，主辦單位發放便當給所有選手。十二時十五分，我拿到一份肉絲炒飯配燒鴨。這實在不是比賽時的理想食物，但餓極了的我別無選擇，於是我把便當吃了。十二點三十分，我聽到廣播通知我到裁判席報到。工作人員告訴我，比賽馬上就要開始。我的對手已經熱身完畢，全身出汗，顯然他非常清楚賽程。我心慌意亂，毫無準備，而且油膩的午餐才剛下肚。果然，我吃了敗仗，而且敗得很慘。後來看著對手一路所向披靡地打進決賽，成功衛冕世界冠軍頭銜，敗在實力如此堅強的對手手下，讓我不至於太沮喪，但我仍然很懊悔自己大老遠飛來台灣，卻未能好好發揮實力。

這個經驗讓我體認到營養問題非常重要。不管要等多久才開賽，我都不應該完全相信公布的賽程，要準備一些點心，以免等太久而耗費體力。LGE的運動營養學家葛拉波教過我，如果參加長時間的棋賽，每四十五分鐘就要吃五顆杏仁，保持靈活敏捷和體力。往後參加武術錦標賽時，我會在必要時吃能量補給棒、香蕉，和高蛋白奶昔。如果我知道至少要等上一個鐘頭，我會吃點雞肉或火雞肉。唯有你最了解自己的身體，面對像台灣武術錦標賽這樣難以預料的環境，要適時補充營養才能儲備體力，但要避免吃得過飽而使感官遲鈍。

這個和營養有關的教訓很簡單：我太過大意，因此付出了代價。但除此之外，我還發現更嚴重的問題：如果在重大活動開始前沒多久才接到準備通知，那我規畫長達三、四十分鐘的準備程序有什麼用？畢竟在現實生活中，並非凡事都會按計畫進行。最理想的狀況下，我們應該讓自己在短暫的預告下就進入專注狀態。所以，勢必得將準備儀式精簡濃縮。

先回顧一下我和丹尼斯一同制定的儀式：

1　花十分鐘吃點心
2　做十五分鐘的冥想
3　十分鐘的伸展運動
4　聽十分鐘的鮑伯．狄倫
5　和兒子玩球

丹尼斯試著將這套儀式去掉「和兒子玩球」的最後一項步驟，他會在重要會議或其他令他倍感壓力的活動開始前，完成前四項步驟，使他在進行活動時，意識能保持絕佳狀態。丹尼斯對結果很滿意，在每次會議前都會做這套儀式。他喜歡把重要事項排在午後，好讓他利用午休時間進行儀式。他感覺很好，工作更有成效，而且非常喜歡自己運用心智（和儀式）去面對各種挑戰時，所獲得煥然一新的能量。這樣的進步算是很不錯。

接下來要漸次調整儀式；一方面不能改變太多，以求保持相同的效果，但又要稍微不同，讓「觸發點」更容易啓動，也更有彈性。改變的關鍵是**循序漸進**，慢慢調整，讓新舊版本的儀式之間同多於異。如此一來，即使儀式內容精簡了，仍能達到預期的效果。

丹尼斯在每天上班前都會進行儀式，唯一的差異是他在家裡吃豐盛的早餐，而不是原先規畫的簡易點心。另外，他改在上班通勤的短暫車程中聽鮑伯・狄倫的樂曲。第二步驟的冥想和第三步驟的伸展運動仍照原訂計畫，在用過早餐後進行。一切都很順利。

過了幾天，丹尼斯將冥想時間由原本的十五分鐘縮短爲十二分鐘。冥想結束後，他依然能達到很好的狀態。接著，他的伸展運動從十分鐘縮短爲八分鐘，一樣能達到理想的專注程度。然後，他調換了伸展運動與冥想練習的順序，也沒有問題。又過了一段時間，丹尼斯緩慢而穩當地將伸展與冥想壓縮到只需要幾分鐘。然後他會聽鮑伯・狄倫的樂曲，準備好要在工作上有所發揮。如果他不餓，就把點心省略。到這個時候，他的準備儀式已經濃縮到只有十二分鐘左右，而且效果比以前還要好。丹尼斯沒有再進一步精簡儀式，因爲他實在很喜歡鮑伯・狄倫的樂曲。要是繼續濃縮這套儀式，就得縮短聽音樂的時間，直到他只需要在腦中想到樂曲旋律，就可以進入專注狀態。整個過程條理分明又簡單明確，而且以最穩定的原理爲根本：逐步成長。

至於我，太極的冥想動作變成我的儀式。每天我在道場練習前，先用大約六分鐘打一次套路。接著推手練習開始，幾個程度最高的弟子用比賽應敵時的力道過招練習。我對太極的一切了解，都來自多年來在二十三街太極學院的學習心得。對我而言，再也沒有比太極學院更平和、更讓我倍感精力充沛的地方。因此，除了太極冥想本身的好處之外，我的身與心也學會把套路與巔峰表現狀態相連，因爲我最好的狀況都是先打完套路才練拳的結果。

但我並沒有就此打住。我已經體會到武術錦標賽的變化難以預料，不是每次都能在比賽前有五分鐘的平靜準備時間。有了二〇〇〇年世界冠軍錦標賽的經驗，我花了幾個月訓練自己縮短上場前達到最佳狀態所需的時間。太極冥想的精髓在於練拳者流動於變化的武術招式中，身與心持續集中心神，再放鬆。當我吸氣時，我的心智活躍起來，我想像自己的精力一路由雙腳傳到指尖。當我吐氣時，心智舒緩，身體釋放精力，放開一切，再準備下一次吸氣。如果撇開各個招式的實際威力不說，太極冥想便是退潮與漲潮、柔與剛、陰與陽，和轉換與改變的練習。因此理論上來說，我可以將這個練習濃縮到深入其精髓爲止。

我開始循序漸進地減少推手練習前打套路的招式。起先我只是少做一、兩式，後來只打全套拳架的四分之三、再減爲二分之一，最後只打四分之一的招式。經過幾個月的練習，我慢慢添加了許多小改變，訓練自己做完一次深呼吸後就準備就緒，同時我練習在心中默默將套路走一遍而毋須實際打拳。用想像的方式練習套路，幾乎和實際打出來的效力不分軒輊。這個概念早有前例——請讀者回想第七章提過的**習數以忘數，習形以忘形**，和第十一章所說的〈畫更小的圓〉。高手可以充分吸收內化原理，旁人幾乎看不出來。

我現在可以泰然面對武術比賽的突發狀況。事實上，越是充滿考驗的情勢，我越是從容自在，因為我知道對手面對混亂局面的處理能力不會比我好。當我抵達比賽會場時，先大致了解賽程，接著我把套路打個一、兩次，讓身體動作鬆動流暢。我放鬆心情，每隔一段時間吃一些點心，以便接獲通知後能夠很快上場。如果臨時接到通知，我會視情況進行準備儀式，能做多少就做多少，隨後便能立刻上場，一點問題都沒有。表演者要讓自己擁有彈性。如果各種條件皆許可，那當然是最好能慢慢花點時間完成整套準備儀式，但如果現場狀況並不那麼理想，那麼就要以彈性調整的心態和精簡版的準備儀式來讓自己就緒。

當然，精簡儀式的好處不僅止於專業領域或競賽的舞台。如果你正在開車、過馬路，或正在做任何平淡無聊的活動，偏偏又在此時突然碰到可能會有危險的狀況。如果你受過訓練，能在短暫準備後立刻就緒，那麼你便能從千鈞一髮的緊急情況下安然脫身。我相信，時常演練精簡的準備儀式，不僅能幫助我們應變緊急狀況，對提升生活品質更有意想不到的好處。若是我們可以靠簡單的呼吸調節，就喚起意識的高度警覺狀態，我們每一刻的覺察和感受力會豐富許多，就像半盲者頭一次戴上眼鏡、看清周遭景物一樣。當我們走在路上，看得更多，平凡的日常生活變得格外美麗。我們被「平凡」之中不曾察覺的可愛與纖細微妙之處所吸引，再也不會感到無聊或厭煩。所有的體驗都與我們的新視野密切交織，進而產生新的連結。人行道上流動的雨水讓鋼琴家看到「流暢」的最佳示範；隨風飄蕩的落葉讓習慣掌控一切的人學會放手；貓的步態教我如何輕巧靈活地移動。原本面目模糊的「時間」，被拆解成許多具有特別意義的時刻。這本書談的是學習與表現，但也可以說就是我的生活寫照。專注於當下，讓我更懂得生活。

學習的王道

找出一項最能讓你放鬆又專注的活動，接著設定由四、五個步驟組成的一套固定儀式，這套儀式便能和「專注」的心理狀態相連結，成為觸發「專注」的機制。只要在重要活動前進行這套儀式，便能讓自己在正式上場時達到最佳狀態。

18 把情緒化爲優勢

勇氣讓我們敏捷、恐懼讓我們警覺、憤怒讓我們專注。

要走過荊棘之路，我們可以在路面鋪滿柔軟的皮革，或者替自己編一雙涼鞋。

憤怒。恐懼。絕望。興奮。快樂。沮喪。期待。情緒是我們生活的一部分，不接受人生經驗中如此豐富的要素，是愚蠢不智之舉。然而，當情緒過度衝擊時，我們可能會表現失常。如果我們因擔心害怕而掉淚，很可能無法應變危險的情境。如果我們因遭人反對而氣憤不平，或許我們會做出來日後悔莫及的決定。如果我們因局勢看好而得意忘形，我們可能會粗心犯錯，導致情勢逆轉。

在激烈賽程中，參賽者各有不同的方法去面對自己的情緒。許多人或者覺得自然的反應是不可壓抑的，也或者根本沒有全盤思考這個問題。也有參賽者明白情緒可能會造成干擾，所以試圖封閉所有情緒，整個人變得冷漠、疏離、嚴厲。對某些人來說，這樣或許行得通，但我個人認爲，全盤的壓抑往往在壓力過大時徹底崩潰。也有些頂尖的表演者懂得運用自己的情緒，觀察適當時機，把情緒整合聚焦，進而產生獨樹一格的創造力。這種別具新意又富有韌性的作法，是以應變的彈性和敏銳的內省覺察力爲基礎。這些選手讓內在的情緒起伏爲他們的比賽增添光彩，而不是讓潛意識左右他們的作爲，或是完全壓抑潛意識的力量。

過去這麼多年來，在自我發展的不同階段，我發現自己也經歷過上述的不同處理方式。後來，我找到這個來自於**柔軟區**與**內在方案**概念的獨特方法，是達到出色表現的重要起點。在本章中，我要探討「憤怒」這個最具決定性、也最能造就或是擊潰一名競賽者的情緒。在我們進入討論主題的同時，先複習一下，第五章〈讓自己更柔軟〉曾經提過，要讓自己的表現更有彈性，而且能不斷湧現靈感，有三個重要步驟：首先，我們學會隨著令人分心的事物自然流動，就像草葉隨風彎腰。接著我們學習去利用讓我們分心的事物，將原本導致我們表現失常的事件轉爲激發表現的泉源。最後，我們學會自行塑造激發我們表現的條件，替自己編一雙涼鞋。

我在比賽中親身體會憤怒情緒的經驗，始於我在本書第一部提過的宿敵——自俄羅斯移民美國的天才少年棋士玻里斯（Boris）。同齡的我們在十五歲那年首度交手。很快的，他和我並列全國頂尖棋手。玻里斯非常清楚要如何激怒我。他完全不理會任何競賽禮儀，甚至不顧比賽規則的約束。他為了贏棋可以不擇手段，有時甚至做出遠超過西洋棋桌上所容許的行為，讓我非常詫異。我們曾在美國青少年組西洋棋冠軍賽的決賽交手。我陷入深思長考，眼前面對的是關鍵的棋局。我的靈感逐漸成形，就在我快想出解棋的方法時，玻里斯突然狠狠從桌下踢了我好幾腳。玻里斯學過空手道，我知道他喜歡踢東西，但是在比賽時這樣踢人實在太誇張了。

玻里斯在我們對決的緊要關頭偷襲我並不是新鮮事，但當然他也不是一直都使用如此明顯誇張的伎倆。他有時會搖晃棋盤，或是對著我大聲清嗓子。在我專注思考時，他拿棋子敲棋盤，或是用俄語和教練討論。一般來說，棋手面對這些干擾的標準反應是向裁判報告，問題是一旦被告狀，玻里斯就會裝出一臉無辜樣，用俄語和結巴的英語辯稱他不明白我在說什麼，而裁判也拿他沒辦法。即使玻里斯真的受到裁判警告，他仍然得逞，讓我從布局思考中分散了注意力。他還是贏了這場心理戰。

玻里斯藐視運動家精神的態度讓我很氣憤；像他這樣的人危害了我熱愛的比賽。我在第五章提過，我和他一同代表美國到印度參加世界冠軍賽，由於他和教練肆無忌憚的接連作弊，好幾個國家的代表隊憤而向大會提出對美國隊的正式抗議。這件事讓我感到不齒，更糟的是使我產生憤怒的情緒。

一次又一次，玻里斯選在我們對弈的關鍵時刻使出不光彩的手段，而我總是因惱怒而犯錯。說眞的，玻里斯的確對我的思緒瞭若指掌。當年十幾歲的我很容易就被憤怒遮蔽了視野，任由玻里斯操弄我的情緒。幾次因爲這樣而輸棋後，我了解到，義憤塡膺對我沒有好處。我決定想辦法防堵情緒。當玻里斯拿棋子敲棋盤時，我深呼吸；當他和教練公然討論布局時，我心裡只有一個念頭：要在棋桌上擊敗他們兩人；當玻里斯搖晃棋盤時，我不爲所動。相應不理看來似乎是個還不錯的策略，問題是玻里斯不懂得適可而止，反而變本加厲（例如連環踢人），到最後，我忍不住火冒三丈，導致一出手就犯下大錯。經過一段時間的思考，我才體認到，消極地封鎖情緒並非解決之道，我必須學著更充分完整地利用屬於我的時刻。我不該因爲惱怒的情緒而失去理智，也不必刻意否定內心的不快，而是將憤怒的情緒轉化爲更深刻的專注狀態。但我一直到習武之後，才眞正學會這項功夫。

這是一門需要練習的課題。在我的武術競賽生涯中，這個問題頭一次出現，是在二〇〇〇年十一月首度參加太極拳推手的全國冠軍賽。當時我一路過關斬將，所向無敵，直到我的對手大膽違規，使用一記頭錘撞我的鼻子，但是裁判沒看見，兩人繼續過招。這場錦標賽的計分方式是，只要使對手失去平衡，不管是拋飛、倒地或摔出場外，都可以得分，但選手不得攻擊對方的頸部、頭部和鼠蹊部。大約十五秒後，對手再度用頭撞我的鼻梁，而且這次更加用力。一股猛烈的憤怒急湧而上，我的眼神露出殺氣。這才明白什麼叫「殺紅了眼」。當時的我滿面通紅，有十秒鐘情緒幾乎失控。賽後從錄影帶看來，我原先一板一眼的動作一下子變得如憤怒的蠻牛般狂野。我試圖挑釁，失去重心，而且不堪一擊——說穿了，狂怒讓我盲目。我差點拱手讓出全國大賽冠軍頭銜，還好我恢復了理智，才能夠順利贏得比賽。我的弱點就這樣顯露出來，還好我及時醒悟，沒等輸了比賽才學到這個教訓。

這次的經驗在很多層面上都讓我感到困擾不安。從比賽的角度來看當然是其一，但對我而言，還有個更重要的問題。我和武術的關係本是奠基於非暴力的概念。我不跟人幹架，也不想傷到任何人。這個世界因爲以暴制暴的循環在自尋毀滅，而我完全不想涉足其中。我當初開始接觸太極拳是爲了放下自我意識、遠離爭鬥。太極拳重視和諧和相互連結，與西洋棋世界的爭論求勝恰恰相反，因此深深吸引了我，但隨著我更深入學習太極拳，後來又學習巴西柔術，內心追求的和諧不斷受到考驗。有些讀者或許會覺得我這個說法很矛盾——如果不想打鬥，何必踏入比賽圈？對我而言，這個問題和持續的修鍊有關。要是我置身優美的花園，要來談非暴力當然輕而易舉，眞正的挑戰在於面臨敵意、惡劣挑釁或肉體的折磨時，仍能維持根本的觀點。下一步，就是要在充滿考驗的情況下，依然忠於自我。

在那場全國冠軍賽隔年，我致力於訓練自己在面對頑強對手時也要堅守個人原則。我去找那些會耍小手段的對手練習，使我越來越能在對手失控時保持冷靜。讀者可能還記得在第十章提過的常把我摔飛到牆上的大個子艾文，他人不壞，但他總是咄咄逼人地把我逼到極限。

我在那段時間和他練過很多次。

還有個同學——姑且叫他法蘭克——他可真是獨一無二的奇葩。多年來，他一直是推手比賽的高手，而且他很難忍受落敗。當他打得不順時，便使出陰險的招數，彷彿賽場中的規則由他來訂。他最有名的小動作就是攻人喉頭。按規定，在推手比賽中，選手只可攻擊對方從肩到腰間的部位。攻擊喉頭有危險性，而且違規。然而，每當法蘭克感到受威脅或腳步不穩時，就會使出這一招。在我參加全國大賽被人用頭撞鼻子之前——當時我還是菜鳥——便慘遭法蘭克偷襲一、兩次。我不喜歡他的作風，認定他根本就失控，因此練習時都會刻意避開他。

但現在我的心態有了改變。我有個課題需要克服，而法蘭克會是我強化訓練時的理想對象。我要做的第一步，便是承認問題在我而不在法蘭克身上。世上永遠有怪人，而我必須學會冷靜地面對他們的挑釁。火冒三丈對自己一點好處都沒有。

我回頭找法蘭克對練，一下子明白當他攻擊我喉頭時，我之所以會生氣是因為我害怕，因為我不知如何應對他的攻勢，以為自己會受傷。他的招式不照規矩來，所以我自然的防衛機制便是讓自己感到義憤填膺，一如當年碰到玻里斯作弊那樣。因此，首先我必須學會如何處理針對頸部而來的攻擊。我花了好幾個月，在推手練習時，請信得過的練習夥伴刻意攻擊我的頸部。我慢慢習慣化解這些攻勢的方法。接下來，每次法蘭克來練拳時，我都會主動找他對練。每當他覺得我控制住他，他就如我所預期的朝我的頸部出手。當這招失靈後，他就擴大攻擊的目標，有時是眼睛、有時是膝蓋，或者鼠蹊部。面對這些攻勢，我訓練自己要能在越來越猛烈的威脅下保持冷靜。

這樣練習了一年以後，我再次到聖地牙哥試圖衛冕全國冠軍。果不其然，我又在決賽碰上去年那個對手。和去年的情況很類似，我一開始就掌握住他，化解了他的攻勢，拉大領先的幅度。不一會兒他變得情緒化，開始用頭錘進攻。但我這次的反應和去年大相逕庭。我一點也不生氣，只是順著他的攻勢翻過身，把他拋出賽場外。他的小手段影響不了我的情緒，而且當我的心智不被憤怒蒙蔽時，我就站得比他高。我不上他的當，他的一切伎倆就變得沒轍了。眞是太奇妙了。

這個練習有兩個組成要素。第一個與我學習的方法有關，另一個則與表現有關。就學習的部分來說，我必須習慣和一個不守遊戲規則，會偷襲我的頸部、眼睛和鼠蹊部的對手交手。這牽涉到技術的部分，而爲了讓自己在技術上有所進步，我必須認清憤怒、自尊和恐懼之間的關係。如果對方做得太過分，超過我的忍耐限度時，我要讓自己養成習慣，先面對自己技術上的弱點，而不是陷入自衛心態的憤怒情緒。一旦做了這樣的心理調適，就能自在地去學習。如果有人干擾我的思緒要玩心理戰，那更是幫了我一個大忙，爲我揭開自己的弱點。他們給了我寶貴的機會，讓我提升對惡質環境的忍耐度。會使出陰險招數的對手，就是我最好的老師。

就表現方面而言，我已經有些進步，但還有許多要改進的地方。首先，不論情況如何，我都要保持頭腦清晰。但這只是整個過程中的第一步而已。其實，我們面對不同狀況，會有特定的自然反應是有原因的。憤怒、恐懼或洋洋得意，這些感覺都發自我們內心深處，而我認為一味防堵這些情緒是不自然的作法。在我的經驗裡，過度壓抑情緒的選手在面臨過大壓力時，往往潰不成軍。

我曾經在《紐約時報》看到一篇專題報導，紐約噴射機隊的開球員布里恩，在二〇〇四年NFL季後賽與匹茲堡鋼鐵人隊開打前幾天，信心滿滿地表示，每次在踢球前，他都會讓自己進入冥想的境界。他把自己和周遭環境隔絕，而且他宣稱每次上場踢球時，哪怕面臨巨大的壓力，他的心靈依然是「完全的空白」。當我看到這篇報導時，我對他處理壓力的方式有些疑慮——「完全的空白」讓我覺得不太對勁。我打了個電話給父親，告訴他我很擔心咱們紐約隊的開球員屆時在球場上的表現可能會不理想。果然不出所料，紐約噴射機隊與匹茲堡鋼鐵人隊比賽終場，要以關鍵性的兩記踢球分出勝負。布里恩踢出的第一球落點太近，第二球他卻腳一歪，球向左偏。在賽後的訪問中，布里恩提到他在第一球未能得分後，滿腦子想的都是下一球要踢得夠遠。一球沒踢進的失誤再加上龐大的壓力，讓布里恩心慌意亂，無法保持鎮靜：他只想到剛才的失誤，離他賽前所說的「心靈放空」差了十萬八千里。說實話，場很不一樣。比賽時敵手環伺、全場坐滿鼓譟的球迷，等著看你發生失誤，讓你不寒而慄。雖然我喜愛冥想，也深信人可以訓練自己在壓力下依然保持冷靜，但是練習場畢竟和比賽現場很不一樣。比賽時敵手環伺、全場坐滿鼓譟的球迷，等著看你發生失誤，讓你不寒而慄。要能脫穎而出，唯一辦法就是承認現實，並且從中篩選必要的資訊，鼓起勇氣，運用你的膽識。我們要能坦然面對不完美。如果我們只想靠著壓抑情緒、期待不要失常犯錯，或是靠著完全重現某種心境去保持表現的水準，那麼要是壓力極大，或當疼痛刺骨難耐，我們辛苦維持的理想狀態就會粉碎一空。

讓自己更柔軟的練習法比起全盤否認、抹殺現實更為自然有用。接下來，我期待自己利用多年前處理分心問題的方式來處理憤怒的情緒，學會如何和情緒共處，並進一步利用情緒，將情緒導入高度的專注境界。就像先前提過的地震與骨折事件，我必須將情緒化為優勢。

我注意到，最偉大的表演者總能將激奮的情緒化為正面的動力。這樣的例子在各行各業都找得到。美國職籃球迷可以回想米勒和史派克・李場邊交手的傳奇。史派克・李是紐約尼克隊的頭號球迷，而米勒則是印地安納溜馬隊從一九八七年到二〇〇五年的當家球星。在一九九〇年代，尼克隊與溜馬隊常在季後賽交手，而每一場尼克隊主場的球賽，史派克・李都會坐在麥迪遜廣場花園的球場上看球，他屢屢用言語招惹米勒，直到米勒忍不住回嘴。起先，尼克隊球迷認為這樣的情況對尼克隊有利，因為史派克・李轉移了米勒的注意力；有時候看起來，米勒放在史派克・李身上的注意力根本就比在球場上還多。但眾人很快發現，米勒是在利用史派克・李的挑釁來激發自己的鬥志。米勒一邊和史派克・李鬥嘴，一邊用神準的投籃痛宰尼克隊，屢試不爽。後來，尼克隊球迷莫不希望史派克・李能夠閉上他的嘴，大家都學到了「不要惹火米勒」的教訓。

無巧不成書，年輕的美國職籃球員在喬丹的全盛時期，也學到了同樣的教訓。在球場上，喬丹是出了名的愛打口水戰。他會故意招惹對方防守球員和他對話，一旦你回嘴，反而會激勵他把你徹底擊垮。唯一的辦法就是讓喬丹講個過癮，而年輕的菜鳥好好打你的球。不要讓猛獸完全甦醒；這樣的話，他一場比賽可以拿下三十分。但如果你不小心喚醒了沉睡中的猛獸，他不僅會在單場球賽一口氣攻下五十分，下次和你交手時，會狠狠地再修理你一次。

幾年前，我和奇斯・赫南德茲聊起憤怒的情緒對他職業生涯的影響。我先爲不是體育迷的讀者說明一下：赫南德茲先後擔任聖路易紅雀隊和紐約大都會隊的主力球員，一九七四年至一九九〇年間，在大聯盟一共贏得十一次金手套獎、打擊獎，和一九七九年美國職棒聯盟的最有價值球員獎。一九八六年，他曾帶領大都會隊擊敗波士頓紅襪隊，贏得歷史性的世界大賽冠軍。在棒球史上，赫南德茲被視爲最出色的打擊手之一。

我問赫南德茲，當投手故意對著他的頭投觸身球時他怎麼辦？投手有時會投觸身球擊中打者，或是讓球從打者身邊擦過，爲的就是種下心理戰的種子。被時速一百四十四公里的快球K到，可不是好玩的，而且這種不光明的手法有時會造成嚴重的傷害。球場上有時會出現打擊者衝向投手丘，或全隊球員從球員休息室蜂擁而出、打成一團的混亂場面，往往是因為打者認為自己被投手惡意攻擊。

如果打者被觸身球擊中，會立刻被保送上一壘。這當然不是投手所樂見，但投觸身球通常是個經過盤算後的決定，因為許多打者被球K會心有忌憚——在球賽剩餘的那幾局、甚至在未來幾年，當球員面對投出觸身球的那名投手都會餘悸猶存。想到那顆高速快球可能會朝著你的腦袋飛過來，這種顧忌會影響打者的情緒，甚至倍感威脅；也或許，他們會被惹惱。不論是哪種情況，如果投手以為他可以藉著觸身球擾亂打者的思緒，套句赫南德茲的話，「你就等著狠狠跌一跤吧。」

對赫南德茲來說，哪個投手敢對他投觸身球，就是在自找死路。他說：「觸身球對我有激勵效果；如果投手故意把我打到趴，或是用觸身球威脅我，那他這一整個球季最好不要被我碰上！」多年來，所有投手都知道，不要隨便招惹奇斯，因為投觸身球砸他，等於是喚醒沉睡中的巨人。

赫南德茲還告訴我一個和棒球選手羅賓森有關的軼事。羅賓森是唯一曾在美國職棒大聯盟的美國聯盟與國家聯盟皆獲得「最有價值球員獎」的選手，被視為史上最出色的球員之一。他的職業生涯早在一九五六年的辛辛那提紅人隊展開。在那個年代，投手對打擊手丟觸身球是稀鬆平常的事。有一次，紅人隊與聖路易紅雀隊連續進行三場對決。羅賓森在頭一場比賽就被投手的觸身球擊中，但他不受影響，在當晚的比賽大出鋒頭。隔天比賽的投手又用觸身球砸他，而他依然不動氣，就這樣，連著三場痛宰紅雀隊。一星期後，兩隊再度交手進行聯賽，但這回在開賽前，紅雀隊教練修恩狄恩斯——也是奇斯進大聯盟碰到的第一個教練——召集所有隊員宣布：「第一個用觸身球擊中羅賓森的投手要罰一百美元！絕對不要惹他！」赫南德茲很喜歡這個故事，那代表了一個眞正的競賽者該有的特質。像米勒、喬丹、赫南德茲和羅賓森這樣的運動員，根本不會輕易受到挑釁而自亂陣腳，使得對手不敢和他們玩心理戰術，深怕一不小心就弄巧成拙，反倒激發他們有更好的表現。

回來看我自己的經驗。現在的我已經能夠穩定地將自然的情緒融入靈感的創意境界。當然，這個過程分成好幾個階段：青少年時期，情緒讓我自亂陣腳，於是我把情緒封閉起來；到了二十出頭那段時間，剛開始接觸佛教與道教冥想時，我試圖驅離情緒；這個階段很有趣，因爲我和自己的情緒之間開展了不斷修正的關係，有點像是我在第十三章〈讓時間慢下來〉所描述的潛意識訓練經驗。我不再受情緒主宰，也不去否認情緒的存在，慢慢的，我學會觀察自己的情緒，感受到情緒如何爲我的重要時刻注入創意、新鮮感，或是反而使我莽撞行事。

我和自己的情緒建立了不斷修正的關係後，便開始用更微妙的方式，去處理自己碰上武術對手耍小手段時的心理反應。我認爲在最高層次上，表演者與藝術家必須對自己誠實；不能否認也不能壓抑眞實性格，否則他們的藝術創作就流於虛假——表演者等於離開了自己眞實的聲音。我是個五湖四海的人，但我不喜歡耍小手段的對手。他們看待比賽、自尊、運動、藝術、暴力、作弊的態度，讓我不敢苟同。

下一步的訓練重點是強化直覺反應，一旦你習慣比賽那種白熱化的場合，這並不會太難。與其說這個練習是學習新技巧，不如說是讓自己重新恢復一種能力。人類生性在面臨危險時表現最靈敏迅速，但受到良好保護的現代生活，讓我們逐漸遠離了轉化能量的自然能力。我們應該要學會容忍自己的情緒，接受它們獨特的作風，最終發掘深藏的靈感泉源，而不是逃避自己的情緒，或是被迸發的情緒牽著走。一旦我們越來越能承受內心的情緒，不再被情緒的波濤打亂腳步，我們就可以駕馭它們，甚至隨著情緒的幅度而增強自己的表現。

第二次全國冠軍賽過後，我下了番工夫力求改進。首先，我學著在跟愛耍手段的對手練習時保持冷靜，接著，我將情緒轉化爲助力，發揮我天生的活力。當我和失控的對手過招時，我感覺到體內出現化學變化。這感覺起初有點令人昏頭，但現在我利用它來讓自己更敏銳，提升表現的強度，將原始的熱血沸騰凝聚爲銳不可當的專注。我不再被自我防衛與恐懼的情緒支配，因此就不會有讓我沖昏了頭的憤怒。隨著時間累積，我發現自己不再被法蘭克這種對手氣到失去理智，相反地，我越戰越勇。

我第二次遇到卑劣對手的經驗，是到台灣參加二〇〇二年世界推手冠軍賽。比賽第一回合，一個相當不友善的奧地利選手朝我的鼠蹊部，使出一記讓我痛到不行的犯規短拳攻擊。這名對手的功力很高，我的疼痛難以言喻，但出乎他意料的是，他的手段竟然弄巧成拙。我對他回以微笑，而他狠狠地咒罵我。我並未動怒，一心只想要獲勝。比賽繼續進行，他想盡各種辦法要惹惱我，還試圖再次攻我鼠蹊部，又想朝我的膝蓋下手。即使裁判喊了暫停，他還是不停手。我仍然沒被惹火，只專心沉住氣準備應敵。他使出的每一記充滿惡意的招數，反而讓我更強悍。有趣的是，我越不受他影響，他越是氣惱，攻勢越來越有挑釁意味。他無法惹惱我，反而影響了他自己的情緒，導致失去思考和判斷能力。而他越是火爆，就越沒辦法顧及技術面，而我則輕易地逮住他張牙舞爪之際露出的破綻。這傢伙慣於耍手段擾亂對手，而我完全不為所動，反而用他的伎倆來對付他。他成功地偷襲了我，但我讓他沒有機會晉級。

當然，在承受龐大壓力的情境下，除了憤怒以外，還有可能浮現其他情緒。真正過人的競爭心理學家非常留意自己的情緒轉換，和隨之獲得的創意潛力。眾所皆知，前世界西洋棋冠軍提根・貝卓鄉對於處理這類問題，自有一套巧妙辦法。當他參加為期長達數週、甚至數個月的棋賽時，他一早起床，會先在房內靜坐一段時間省思。他這麼做是為了深入觀察情緒：今天的心情是想家、精力充沛、小心翼翼、疲憊、無動於衷、充滿靈感、胸有成竹，還是缺乏安全感？接下來他便根據當天的情緒狀態來擬訂應戰計畫。如果他感覺今天格外謹慎、低調，信心不足，他可能會選擇風險沒那麼大而且符合他性格的開局；如果他感覺今天精力充沛、兇猛好鬥、充滿自信，那他就會挑個能更有創意地表達自我的戰術。人的情緒有無數的微妙變化，西洋棋的開局亦然。貝卓鄉並沒有刻意去設定開局的棋步，他只是試著讓自己在每一刻都能面對自己的情感。他認爲，如果自己的情緒和西洋棋布局能夠協調一致，他在下棋時會更靈思泉湧。

獨霸世界西洋棋冠軍頭銜將近二十年的卡斯帕洛夫，可說是史上棋力最強的棋手。他處理情緒的方式很不一樣。卡斯帕洛夫富有強烈侵略性，他的旺盛精力與充沛自信，使他在棋桌上所向無敵。我父親曾經以卡斯帕洛夫爲主題，寫了《致命的棋局》一書。一九九〇年前後幾年，兩大棋王卡斯帕洛夫與卡波夫進行歷史性對決之際，父親和我有機會常常和卡斯帕洛夫共處。有一次，卡斯帕洛夫輸掉了一場大賽，情緒相當低落。我父親問他，下一場棋賽他打算怎麼克服缺乏信心的問題。卡斯帕洛夫回答，他一樣會走那些他胸有成竹時會走的棋步，希望藉此激發信心。棋桌上的卡斯帕洛夫氣勢凌人，西洋棋界人人莫不對他忌憚三分，而這也是他建立自信的原動力。如果卡斯帕洛夫在棋桌上發威，對手便不寒而慄。所以卡斯帕洛夫當天如果狀況不佳，仍然會挺起胸膛，使出一如往常的侵略性棋步，表現出勝券在握的模樣，使對手倍感威脅。卡斯帕洛夫藉由自己的棋步、自己創造出的布局，和對手越來越強烈的恐懼心理，來累積自己的士氣，直到他重新燃起信心，在棋桌上流暢地大展身手。如果你回想前一章提到的「啓動『專注』模式」，應用到這個例子上，便不難理解，卡斯帕洛夫並不是僞裝，也不是故意演戲。他只是利用「棋王卡斯帕洛夫」一貫的風格，觸發自己進入專注狀態。

說到這裡，讀者應該看得出來，在你承受壓力時，有很多種不同的方法可以處理自己的情緒。對你個人而言，有些方法可能就比另外一些方法來得好，而且說起來，或許應該由你的個性來決定適當的方式。說到這，我極力建議讀者將「啓動『專注』模式」的原理融入情緒處理過程。只要你不輕易被情緒亂了方寸，而且在壓力下仍能掌握情緒，你應該也會注意到，某些情緒產生的心境特別能激發靈感。有些人因爲心情好而表現優異，有些人則因恐懼而茁壯，每個人各有適合自己的一套方式。貝卓鄉隨著情緒而變通；米勒、赫南德茲和羅賓森則對處理憤怒很在行。卡斯帕洛夫和喬丹讓人有壓迫感，他們靠著氣勢壓倒對手。了解了自己適合哪個方式，下一步就是創造出能激勵自己的情境，讓自己不靠外力就能達到最佳狀態。卡斯帕洛夫藉由舉手投足間流露的自信，在棋桌上創造出激勵自己的有利情勢，和最能幫助他發揮所長的敵我互動。米勒不斷和史派克·李鬥嘴，直到自己鬥志高昂；如果史派克·李沒到場，米勒會找敵隊的球迷抬槓。事實上，米勒在滿場都是敵隊球迷的客場比賽中表現特別好；如果敵隊球迷並未嗆聲挑釁，米勒還會故意去招惹球迷。米勒喜歡當球場上討人厭的傢伙。當他感覺自己需要被推一把時，便會刻意引發敵對情勢。

但是，你要如何在身邊沒有人替你製造動力的時候，依然達到最佳狀態？激發靈感沒有公式可言，但你可以參照以下的步驟，去發掘自己獨一無二的途徑。首先，我們要培養第五章介紹的**柔軟區**，接納情緒，觀察情緒，處理情緒，在情緒擾亂理智時疏導情緒，並且在情緒激發創意時善加利用。接下來，我們要練習將弱點化爲長處，直到我們不再刻意否認自然迸發的情感：勇氣讓我們敏捷、恐懼讓我們警覺、憤怒讓我們專注。下一步，我們要去發掘，什麼樣的情緒狀態能激發我們達到最佳表現。這個問題因人而異。有些人在情緒沸騰時靈思泉湧，也有人則是在陰鬱時刻綻放光彩。每個人各有自己的一套方式。深入觀察自己。接下來，我們爲自己**編一雙涼鞋**，讓自己成爲激發自己士氣的小地震，或是愛抬槓的史派克・李，或是衝著你投過來的快速球。先找出哪一種狀態對你最合適，接著像卡斯帕洛夫一樣，建立凝鍊有力的觸發機制，讓自己可以隨心所欲從內心深處的創意寶庫汲取靈感。

學習的王道

面臨強大壓力時往往產生負面情緒，我們要找出最適合自己的處理情緒之道。接下來，要創造出能激勵情緒的情境，讓自己達到最佳狀態。

另一方面，我們要深入發掘，什麼樣的情緒狀態能激發我們達到最佳表現，進而建立凝鍊有力的觸發機制，讓自己進一步利用情緒，將情緒化為優勢。

19 打造學習金字塔

一旦你知道「好」的感覺為何，就能依循這種感覺不斷尋求改進。

學習者與表演者百百種。有些人野心勃勃，有些人則步步爲營。有些人喜歡挑戰問題，有些人則喜歡找出答案。有些人信心滿滿，總是渴望挑戰；而有些人一聽到要嘗試新事物，就已經出了一身大汗。大多數人的反應是綜合型的；各有擅長的強項，也有蹩腳的弱點。在我的經驗裡，最偉大的藝術家和競爭者，往往也非常善於掌握自己的性格特質和心理層面；他們懂得發揮長處，甚而掌控戰役的調性，使之更契合他們的個性。我在本書傳達了，期待讀者能善加利用這些概念，讓它們變成你自己的想法，讓它們符合你的個性。我發現，爲了比賽、學習與表演竭盡心力的過程中，幾乎每一個有意義的問題，解決辦法都不只一個。每個人都是獨特的個體，應該要在每項努力中都注入屬於自己的特色。

問題是，我們要如何做到？如果我們已經很擅長某件事，即使在備受壓力的情況下，也有一定品質的表現，要如何更進一步超越他人？我們要如何從技巧純熟的階段，大幅躍升到獨具創意的境界？學習的眞正藝術，就在於超越技巧純熟的層面，能以努力的成果表現出最好的自己。這是我準備二〇〇四年中華盃世界太極拳冠軍錦標賽的中心課題。我要具備什麼樣的內在條件才能登峰造極？

當我回想參與太極拳競賽歷來的努力過程，台灣一直是個讓我認清現實的地方，是我能眞正估量自己成長幅度的所在。美國的推手競賽，包括全國冠軍賽在內，與賽選手的程度遠不如台灣選手。而在台灣，推手可說是全民運動。平庸容易讓人孤芳自賞，而且老實說，許多美國選手對自己的實力太過樂觀。台灣的頂尖好手從小就每日長時間苦練，持續參加競爭激烈的區域性比賽和全國大賽。兩年一度的中華盃錦標賽舉行前的那個夏季，許多頂尖的太極學院都會特別開辦訓練營，讓參賽選手可以加強實力。每天練習六到八小時，結合了密集的條件反射訓練和技巧的磨練。對這些頂尖好手來說，比賽成績非常重要，當他們踏入比賽場地時，個個都像上過油、保養良好的器械一樣精銳。遠道至台灣參加比賽的外國人，就像闖入了獅群的基地一樣——要打贏台灣選手，才能說自己了不起。

二〇〇〇年，我頭一次到台灣比賽。當時我第一次得到太極拳推手全美冠軍，卻對這場海外的挑戰毫無概念。我在第十七章曾經提過，我傻傻地相信大會公布的賽程，以為我的第一場比賽會在早上八、九點鐘舉行，沒想到我竟然枯等了好幾個鐘頭。我越等越餓，身邊卻沒有準備吃的東西。好不容易大會發放午餐，我才剛狼吞虎嚥地吃下一大盒油膩的食物，就被叫到場邊準備立刻上場。我的對手輕而易舉地擊敗我，還一路過關斬將，贏得世界冠軍的殊榮。雖然我應該好好從心理層面去探究這次比賽的經驗，但說起來，這次比賽的決定性因素，其實根本不在心理層面。我的對手在技巧方面比我強太多了。就算我那天從容不迫地上場應戰，也很難打贏。我要學的東西還多著呢。

第一次參加台灣的比賽後，我在接下來的兩年著實下了一番工夫。我在本書第二部詳述大部分的訓練內容，但在這個準備過程中，還有個很重要的構成要素。中國武術素來帶著神祕，而太極拳又是特別神祕的一門拳術。如果你讀過《太極拳論》，研習其中的哲學基礎，演練冥想套路，你就能獲得覺察感，感覺自己的動作敏捷柔軟，或許還能產生不少速度和力量。但除非等到你在賽場中實地檢驗自己的程度，逐步釐清何為傳說、何為眞實，否則很難將這些原理轉化成實用的武術。遺憾的是，有不少武術教練自己不曾做過這門功課，卻宣稱自己功力深厚。有些教練為了打響名聲，誇稱自己可以不碰到對方衣服，就發勁把他甩到牆上去，但這些「大師」卻不肯讓人見識他們有多厲害。通常這些所謂的「大師」會搬出「我怕你會死得很慘」這類的託辭。我要是聽到這種說法，就知道碰上招搖撞騙的假大師，因為眞正的大師懂得控制出手的輕重。另一方面，修習太極拳確實有機會培養威力十足的技巧，也的確只有少數人得窺最高境界的祕密。不過很多人想問——到底什麼是眞正可能達到的工夫，又有哪些是言過其實的傳說？

在我準備到台灣比賽時，完全不知道對手實力如何。可想而知，台灣頂尖高手的功力，遠超過我的想像。這些不容小覷的運動員，從小成長在孕育精湛推手技巧的文化環境中，就像舊日的蘇聯培養西洋棋高手一樣。第一次到台灣參加推手世紀大賽時，我親眼觀察，獲得許多寶貴經驗，還拍攝了許多世界級高手過招的畫面。這些影帶提供給我許多寶貴的資訊。

有了第一次到台灣參賽的經驗，我認淸一個事實：最偉大的武術名家並沒有什麼祕密招數，他們只是認眞地下足工夫，將某些基本功練到出神入化的境界。他們四兩撥千斤讓對手失去平衡的技巧，有時讓人驚奇又困惑。外行人可能看不出什麼，但其實這些高手施展的是專爲了造成對手犯錯失衡而出的妙招，才一轉眼的工夫，對手就已摔倒在地。從二〇〇〇年至二〇〇二年，我仔細研究這些影帶，慢慢修正自己的技巧。那段時間，我多半和摯友湯姆一同練拳。湯姆是陳至誠老師的得意門生，也是我所知最強的內功高手之一。湯姆的正職是雕塑家，日日爲黏土塑形，自然有著粗壯的臂膀，再加上練習太極拳超過三十五年，難怪挨上他的一記重拳就像是山崩一樣。我一開始和湯姆對練時，總是被他摔得滿場飛。我覺得自己像一顆撞上強力屏障的網球，更慘的是，湯姆就像尋熱導彈般如影隨形，躲都躲不掉。我不得不在化去他攻勢的動作上更爲巧妙，也要讓自己的樁①站得更沉更穩，才不會被擊倒。連續幾晚和湯姆對練，使我更有信心可以站在賽場上面對任何強敵。

二〇〇二年十一月下旬，我再度到台灣參加中華盃比賽；我已經準備就緒——或是說，至少我以爲我準備就緒了。彼時我已經連續三年贏得全美太極推手冠軍頭銜，經常在多個不同的重量級組比賽，常和比我重四、五十公斤的對手過招，也屢次贏得重量級與超重量級冠軍。我的武術造詣已經精進許多，也很清楚自己會遇上什麼樣的對手。頭一場比賽遇上奧地利選手，他在幾個月前剛剛贏得歐洲冠軍。我在前一章提過，這位奧地利選手一出手就違規攻擊我的鼠蹊部，試圖靠著激怒對手而獲勝，但我過去兩年的特訓，下了很大工夫應付那些使出卑鄙手段的對手。所以這一回我有備而來，不爲所動，沉住氣，把他踢出比賽。

第二場比賽，我遇到的是來自台灣知名太極學院的頂尖好手，身手靈活矯健，但他有個壞習慣——面對壓力時，他會把重心移到後腳。正如我在第十四章〈神祕的錯覺〉所提過，

①我所謂的「樁」，是指在迎頭接下對手進攻力道時還能站穩，將力道傳入地底的能力。你可以隨即將勁力從地面回攻，將對手彈開。當人比喻武術高手像樹一樣根打得深，就是形容他的身體像是打了樁入地一樣，遇敵而文風不動。

如果把全部重心放在後腳，當你不得不把重心往前移時，身形便會露出破綻，換言之，你露出了脆弱的片刻。過去兩年，我下足工夫練習抛摔技法，所以我把他逼到賽場邊緣，讓他失去平衡，傾身向我，我順勢把他摔倒在地。他習以為常的重量分配透露了他的動向，讓我完全掌握他的攻勢。我輕鬆贏了第二場比賽。

下一場是準決賽，我的對手是台灣的太極名家陳智誠，也就是兩年前在整場比賽中讓我印象最深刻的高手。事實上，在我準備今年的比賽時，花了最多工夫研究的錄影帶，大都是陳智誠破解對手招數的片段。陳智誠的體型高大，非常強壯，而且動作迅速敏捷，把對手摺倒的速度之快，手法之高超，令人詫異。他的父親是台灣的頂尖推手大師，幾乎可說是世界第一把交椅的教練，所以陳智誠不但體格方面有得天獨厚的過人條件，且從小就接受頂尖訓練。

比賽鈴聲響起，我蓄勢待發。我們兩人站在場中央，手腕相搭，他立刻發勁要把我摔出去，所幸我抵擋了攻勢。但他不斷施壓，猛力出拳，以求占得能把我摺倒的優勢。我感到腹背受敵。他的力量感覺是從體內發出的，自在又柔軟，隨時準備施展爆發性的一擊。我試圖拂開他，一再避開他的攻勢，但他仍步步進逼。我全身上下都成為他的攻擊目標，他似乎不打算收手，但他仍未得分。第一回合進入後半場之際，我逮到他在進攻時稍微失去平衡的片刻，狠狠推了他一把。他看來像是要飛出場外了，沒想到他落地時腳尖仍在場內，腳跟則在邊界晃蕩。他做出像是電影《駭客任務》裡的動作，腰向後一彎再一挺，整個人又回到場內。他眞是個出色的運動員。我乘勢向前進攻，但等我攻到他面前時，他已經站直身子，而且竟然已經又打好了樁，文風不動。我們這下眞的槓上了。

與陳智誠交手時，感覺他像是潛入我血肉中，吸取了我的能量，就像噩夢般。我不斷推開他，使他稍許失衡，擋住他一波接一波的攻勢，但他的條件反射動作實在驚人，不斷的又回到原地應戰。到了離回合結束只剩三十秒左右時，我開始感到精疲力竭。我一下子明白到這是他應戰策略的重點——他向對手施加壓力，苦纏不放。他看起來像是在找空隙進攻，但其實他只是要引得對手不斷將他推開，藉此耗盡對手的力氣。他不斷地用掤法推進，被對手推開後，他再回到原地，耐性十足。我看穿他的策略，決定暫且不動聲色，讓他欺身而入，看他能怎麼辦。結果我眼睛還沒來得及眨一下，就已經被他摔倒在地。

這是一記令人難以置信的摔法。前一秒我還站著，後一秒我已經倒地，渾然不知他到底怎麼擊倒我的。我站起身來甩甩頭，再次出手。時間所剩不多，我太過急攻好鬥，又被他摔倒。比賽進入第二回合，情況依舊。他向我施壓，我避開，找尋適當的空隙想出手，但大多數時候，他就像是個打不倒的武術巨人。第二回合進行約一分鐘後，他逮住我的破綻立刻出手，下一刻我已經摔個狗吃屎，臉伏在地墊上。他的動作眞是迅雷不及掩耳！接著他轉攻爲守，打算保持領先地位直到時間到。我緊緊追擊，就在一連串試圖力挽狂瀾的急躁攻擊中，鈴聲響起，宣告比賽結束。我們互相擁抱。陳智誠用優雅與過人的真功夫打敗了我。我的頸部和肩部陣陣作痛。我敗得很慘。接下來我有一場季軍爭奪賽，雖然我的上半身右半邊幾乎無法動彈，但我勉強贏了比賽，獲得銅牌。到下一屆比賽以前，有兩年的時間可以品嘗落敗的苦果。比賽的高標準就此定調。

二〇〇二年世界冠軍錦標賽過後，我賦予自己一項使命：把比賽水準提升到新層次。我親身體驗了世界級高手的眞功夫，而我知道那是可以達到的境界。我的學習過程的下個階段，就是要打造出專屬我的獨特競賽招式。在我返回紐約後，立刻開始著手訓練。

往後一、兩個月的練習大都是心理方面的訓練。別的不提，我得先讓身體有時間復元。我的肩傷得很慘，得花點時間調養，才能再次承受對手的攻擊。我花了很多時間看錄影帶，拆解陳智誠和其他台灣高手的招式。我以定格方式觀察他們的動作，發現許多精細的鋪陳和巧妙的步法，讓我大開眼界，益發認清這位對手是何方神聖。季軍與冠軍之間的差距原來如此遙遠。我必須讓自己脫胎換骨，但這要一步步慢慢來。

到了一月中旬，我已經回到練習場上做一些對傷勢無礙、且能保持肢體動作靈活的軟性練習。我有些關於新技巧的想法，藉由不斷以慢動作重複練習，逐漸將這些動作內化，成爲我的活用招式。到了三月，我可以隨意施展各種招式而無須擔心傷到肩膀，但我不參加任何競賽，而是深入演練前幾章〈畫更小的圓〉、〈讓時間慢下來〉，和〈神祕的錯覺〉中提到的幾項原則。我還在「研究與發展」個人武藝的階段。

我在第八章提到關於風格、喜好，和誠實面對自己個人特質的問題，這個主題在學習過程的所有階段，都有舉足輕重的重要性。讀者如果回想我在本書各章所討論的高層次學習原理，不難發現，這些原理的精神，都是藉由深刻而富有新意的方式，一次探究一小部分資訊，循序漸進，逐步累積。我也曾在前面的篇章描述過西洋棋手由簡入繁去學習棋局（先學殘局再學開局）的重要，接著再將已經吸收內化的原理應用在越來越複雜的局面中。在第十一章〈畫更小的圓〉，我們選定技巧或觀念，不斷反覆練習，直到抓到要領爲止。隨後我們慢慢濃縮這些動作，同時不失其威力，直到我們的招式變得極具爆發力又不易讓對手察覺。在第十三章〈讓時間慢下來〉，我們再次將焦點放在練習特定技巧，將之內化，直到意識能純熟地察覺其中極細微的細節。經過這樣的訓練後，我們可以在同樣長度的時間裡，看到更多「定格畫面」，感覺眼前的事件進行的速度似乎慢了下來。在第十四章〈神祕的錯覺〉，我們利用上述兩項練習，以操控對手的意念；同樣的，我們要將焦點集中在非常微小、外人完全看不出來的細節上。

這種學習方法的美妙之處在於，一旦我們感受到某項技巧經過修正微調後產生多麼深遠的效果——不論改變是多麼的微乎其微——接下來把焦點擴大時，都能把這項經驗拿來作爲品質的指引。不論是在哪個領域，一旦你知道了**好**的感覺爲何，你就能將注意範圍縮小焦點，依循這種感覺不斷尋求改進。大體來說，這便是我將西洋棋上的體認應用在研習武術的方法。更明確地說，這正是我準備挑戰二〇〇四年世界冠軍的訓練法。

這個「由小入大」的原理，不僅是學習發展過程中的關鍵概念，也是一個出色的競賽者絕對的中樞基礎。任何競賽項目到了最高層次，每個競爭者都是高手。在這種時候，知識的多寡並不是決定性的因素，誰能主導戰役的調性才是制勝關鍵。幾乎毫無例外的，奪得冠軍的高手，其自我風格來自對個人特長的深刻覺察；他們同時擁有高超過人的技巧，能將戰役導向他們擅長的方向。

基於這一點，針對二〇〇四年世界冠軍賽的準備訓練，必須以我的核心強項爲中心。我的實力還不錯，但台灣還有許多選手的體能比我更好、有些人比我更強壯、有些人比我更敏捷，還有些人耐力比我好。但沒有人能在運用策略方面比得上我。要贏得冠軍，我要以水制他們的火。光憑速度和動作沒有太大的勝算，我必須洞悉對手的意圖，封鎖對手，用他們想像不到的策略與純熟的技巧取勝。要想擊敗陳智誠，就要主導這場對決之戰的調性。我得讓陳智誠和我下西洋棋。

我有一個不錯的優勢：一如我在本書第二部所提到的，在準備二〇〇四年中華盃錦標賽的過程中，我的主要練習夥伴是好友丹・考菲爾德。丹是個天生的運動好手，畢生鑽研武術，而且從小就熱愛探索生理潛能的最大極限。丹在新罕布夏州的鄉間長大，童年時練習從高處往下跳，而且高度越來越高，直到他可以輕鬆自在地從近十公尺高的屋頂往下跳，落地時滾一圈，站起身來還可以跑。如果碰上他心情好，你伸手指一輛車，他就翻越那輛車給你看。如果你望著陡峭的山壁或一道磚牆興歎，丹會想辦法爬過山壁或高牆。如果你和丹結伴去健行，他就像隻山羊一樣，輕鬆地從這塊大石跳到另外那塊巨岩。不僅如此，丹還有超過十五年的合氣道與太極拳訓練。這位練習夥伴的實力絕對不可小覷。

對我來說，更幸運的是丹的體型有點像陳智誠，而且他也和陳智誠一樣動作敏捷；此外，在打鬥風格上，他們兩人都是狩獵型的選手。他們的武藝精湛，熱愛風險；深信自己如果置身險境，也能憑著敏捷的身手脫困。這正是我努力的目標。要在台灣勝出，我一定要利用對手出色之處來反擊他。

在二〇〇四年中華盃錦標賽前的兩年準備時間，丹和我根本等於是一起住在練習場。有些晚上，我們的練習以技巧爲主；一個人加強拋摔的威力，另一個人就充當人體靶子，被摔個上百次。過了一會再互換角色。還有些時候，我們研究如何修正步法，並試圖分析當對手伺機攻進、想把你撂倒或摔出場外時，可以順勢反攻的精準時機。讀者一定想像不到，如果能夠臨危不亂，遵守武術原則，正面面對混亂的局面，即使被對手狠狠摔出去、在空中打旋、汗珠飛濺到三、四公尺外的牆上後，依然可以落地站穩。有更多個晚上，丹和我純粹上場一較高下。夜復一夜，我們進行好幾小時的激烈練習；對峙、衝撞、化解攻擊、攻向對方弱點、倒地、重新站起，接著再像公羊一樣衝向對方，再度交手。

丹和我互相激勵以求進步。我們兩人都很拚，如果哪個人稍有怠惰，定會在練習場上被另一人狠狠修理一番。賽前四個月，我定下了這次錦標賽的基礎策略，我稱之爲「預防法」。我認爲丹和陳智誠一樣，都是天生條件比我好的運動員。不管我再怎麼拚命練習，陳智誠可以做出更多讓我瞠目結舌的動作。因此和丹對練時，我發展出一套戰法，專門用來壓制他的天生優勢。到台灣比賽時，我打算用卡波夫或貝卓鄉式的風格應戰。說來很有意思，這兩位特級大師的棋風，正是導致我當年在西洋棋生涯尾聲引發存在感危機的原因。

比賽前最後幾個月，我在練習時不再一味想把丹摔出場外，而改爲想辦法徹底封鎖他、抑制他的戰術，並且盡可能利用他所顯露出的最小破綻。我創造出一套我們戲稱爲「大蟒蛇」的戰術：我在場上向對手施壓，抑制他的攻勢，慢慢引他向場邊移動，同時斬斷他的退路。如果對手吸一口氣，等他呼氣時，我已經又向前一步。這樣的戰術依賴的是專注於當下和敏銳察覺對手的意圖。在武術交手中，每一記攻勢都具有風險。爲了把對手摔出去，你不免會削弱自己的身形，哪怕只是短短的一瞬間；而我要把握的就是那極短的刹那。每當丹試圖把我摔出去，我便切入他的攻勢，占住空間，同時試著化解他的攻擊，鉗住他施加的壓力。

一週又一週過去，我的技巧益發進步。我正在創造一個「反陳智誠」的比賽戰略。有些晚上我有辦法制住丹，讓他無法施展攻勢，接著趁他喪失信心時，發勁把他摔出去。但也有些時候，丹神勇無比地痛宰我。我還記得有一次，他的行動如美洲豹般迅猛，帶著動物直覺般的熱力，如影隨形地將我籠罩在他的威力範圍，不論從哪個方向都逃不出去。那個晚上，結束練習後的我喪氣到極點，一跛一跛地回到家，但隔天我回到練習場上，卻能夠防禦得滴水不漏，使他無機可乘。

比賽前三個月，我把兩人對練的過程全部錄了下來；每天晚上練習結束後，我把錄影帶拿回家看。從好幾個現實的角度來看，這樣做都是很有價值的：從錄影中可以一眼看出我有哪些壞習慣，或是在施展動作前，是否表現出可以讓對手察覺的徵兆。另外，藉由分析哪些招式有效、哪些無效，再度修正技巧。但對我來說，這些錄影帶還有一項最主要的功能。

丹和我十分專注地掌握對手的進擊，以至於我們對練時，進攻獲得的分數越來越低。我們熟知彼此的招數，我們知道對方下一步要出哪一招，我們知道該如何攻入而不至於門戶洞開。丹想到如何利用我右肩受傷的弱點，使我打消了進攻的衝動；而我通常會趁著他進攻的當下，幾乎把他逼出賽場外。如果你把我們兩人的體能與心理能力都拿出來比較，我們倆堪稱勢均力敵。此外，我們兩人的表現都在巔峰水準，因此犯錯很少，處於「動量平衡」的狀態。練習中會得分的時刻，常常是因爲有人心血來潮，使出超越目前功力程度的招式。這些福至心靈的時刻，才是我極力捕捉的重點。

在一個晚上的練習中，總會有個兩、三次，丹和我會陷入一陣狂野的激戰；突然間，我將他摔在地上。就這麼簡單。同樣的，丹也有辦法把我摔倒在地兩、三次。我們的交手如此激烈，以至於我無法先思考招式再出手，因為這樣絕對無法攻其不意；但也有些時候，我的直覺就是有辦法找到意識所體會不到的要點。

當我回到家看練習錄影帶時，我用慢速播放，一個畫面一個畫面研究這些福至心靈的時刻。有時候，我看到自己在丹再度眨眼前就使出一記摔拋；也有些時候，我會趁丹尚未察覺前，就先抓住他朝著出其不意的角度摔出去。或許我的步法和他的步法產生一種節奏，打開了動量中的一個小縫，讓我可以趁勢而上；也或許我可以在他剛開始吐氣時，就抓到機會進攻。像這樣的片刻很多，我一一仔細研究，直到我全然了解為止。隔天我到了練習場，把新發現和丹分享，兩人再一起練習，將靈感化為熟練的技巧。如果我的肢體動作與他的呼吸節奏合拍，我們就分析要如何才能隨心所欲地達到這個境界。如果我發現他的眨眼透露出意圖，我們就仔細分析這個眨眼有何不同。下一次我們再過招時，丹就會對我的新招式有所警覺，會想辦法出新招來反制，接下來又換我要想辦法破解他的反制招數。就這樣一來一往，我們每天練習的基準日益提升，也漸漸擴展了靈感的廣度。

讓我們用西洋棋的語言來看看這個作法：如果一名棋力平平的棋手哪一天突然靈感泉湧，他或許會想出許多讓自己興奮激動，也讓其他實力相近的棋手驚歎佩服的棋步；但是對西洋棋大師來說，這些個精彩步數並不希罕。以西洋棋大師的造詣，他幾乎每天都能有高水準的表現。當棋力較弱的棋手下了一步好棋，他可能會說：「這是我的靈感。」而棋力較強的棋手卻絲毫不以爲奇地聳聳肩，說明那步意外的棋背後所蘊含的原理。這也是爲什麼大師下的快棋棋局，往往讓一般棋士花上幾百個小時去研究，也看不出個所以然：特級大師已經充分內化了這些隱祕難解的模式和原理，因此他們可以憑著直覺，做出令人歎爲觀止的準確判斷和決定。

當我想到創造力，必然與基礎相關聯。我們用各種方式得到知識，將知識深刻地吸收內化，直到我們可以不加思索地直接運用，接著，我們利用所獲得的知識向前邁進一、兩步。這時，我們因爲進步而有了新發現。大多數人就此打住，期待自己靈感泉湧，再次達到「神來一筆」的境界。事實上，這種心態很可能使你錯過大好機會。請讀者試著想像自己在蓋一座知識金字塔，每一層都是由技術資訊和說明該資訊的原理所構築而成的區塊（參見第十三章的說明）。一旦你吸收內化了足夠的資訊、蓋好金字塔的一層，你就可以再往上一層。若是你進展到第十或第十二層，突然間靈感泉湧，就像丹和我在練習場上一樣，在那一刻，你可能會感覺好像看到什麼東西懸浮在金字塔上方。你的發現與你擁有的知識之間有所關聯——否則你也不會有這個發現——只要你肯試，一定可以找出其中的關聯爲何。下一步便是要找出這個福至心靈的新發現運用了哪些技術，弄清楚到底是什麼塑造出這奇妙的「神來之筆」。

把這個比喻套回丹和我的互動上。我有時不知用什麼方式便把他壓制在地，但究竟是如何達到這個效果，卻超過我們的理解範圍，於是我回家藉由錄影帶研究端倪。從影片上可以看出來，我正好在丹將重心從右腳移到左腳的那一刻，因爲精準的擒摔架式，而出手把他摔出去。這不是有意識的動作，純粹是肢體的直覺反應。但透過影片，我們分析出在那個姿勢下，對手如此變換重心就會產生弱點，於是我的下一步就是要設計出迫使對手變換重心的技巧；而丹則要設法避開這個陷阱。我們倆越來越能把握對方重心移至左腳的短短一瞬間。我們從一陣靈感的啓發，建立了一套理論；現在，我們擁有隨時運用這項技巧的技術與原理。我們的知識金字塔又往上升了一層，根基也更扎實，即將往前邁進。

這樣的練習進行了七、八週後，我們倆都奠定了扎實的武術技巧，全來自兩人過招時出現的靈感，這些招式將是我們在台灣奪魁的武器。我們合力建構出前所未見、高度個人化，而且充分發揮個人長處的技巧。大多數的戰術都屬於心理層面，要能進入對手的意念、掌握其節奏，用微妙的手法克制其意圖。當我們啓程前往台灣時，我們已經做好應戰準備。

學習的王道

學習的過程有如蓋一座知識金字塔，當你吸收內化了足夠的資訊，便可以一層層地往上蓋。若是蓋到某一層時突然靈感泉湧，你會感覺看到什麼東西懸浮在金字塔上方；只要你用點心，一定可以找出這「神來之筆」的竅門，讓金字塔向上攀升。

20 到台灣比賽

優秀的選手要有專注的心神、爐火純青的技巧，和快速應變的策略。

第七屆中華盃太極拳國際錦標賽
台北，二〇〇四年十二月二日至五日

陰暗的烏雲從天邊飛掠而去，強風挾著雨絲襲來。隨著南瑪都颱風①向南海方向行進，雨勢漸趨和緩。我一向喜愛暴風雨，此刻戶外的強風讓我精神抖擻。星期四晚間，距離開戰

①譯註：史上第一個在十二月襲台的颱風。

還有四十小時，我站在象山山頂，俯瞰山腳的靈雲宮，整個台北市一覽無遺。祭祀的香燭氣味從寺廟大殿裊裊而上，煙霧在越來越強勁的山風中盤旋。兩年前輸掉準決賽的隔天，我就開始為這次的錦標賽做準備。賽前三個月的訓練十分激烈。夜復一夜，我忍著皮肉的痛楚，逼迫自己放手一搏，發揮極限，直到我和對練的夥伴用盡最後一絲力氣，才拖著疲憊的身軀回家休息，準備隔日在練習場上再度交手。如今我站在山頂上，深吸一口氣，風雨淋得我全身濕透。西邊的天際青紫而微微泛紅——時候到了。我感到精力充沛，胸有成竹。

中華盃太極拳國際錦標賽的推手比賽分為兩個項目：一是定步推手，另一是活步推手，兩者的技巧和規則很不一樣，大多數選手都只專精其中一項。而我的夢想——事實上，是我的抱負——卻是要拿下雙料冠軍。

活步推手節奏極快，充滿爆發力，比賽場地直徑五．五公尺，目標是將對手摔倒或摔出圈外。活步推手的內心戰很微妙：選手必須具有專注的心神、爐火純青的技巧，和快速應變的策略。一般人只看得到高手矯健威武的一面，事實上，推手結合了高階的體能與心理活動。

台灣式定步推手比賽限制較多，從很多方面來說，這反而是練拳者最真實的考驗，因為在這種形式的比賽裡，選手無從閃躲這門技藝的深層原理，也沒有用體能去掩飾技巧不足的空間。定步推手極為簡約，就像俳句一樣。兩名受過高度訓練的武術高手近身相搏，在這種比賽，選手很容易受傷，因爲交手的動作相當激烈，而且關節常有突然的錯位。比賽過程十分緊湊，而且產生的力量相當凝鍊，外行人往往看不出什麼名堂。直到其中一名選手飛出兩、三公尺遠，摔了個四腳朝天，觀眾才知道分出了勝負。

星期四晚上，約莫是我從象山散步回來後，我聽說大會主辦單位竟然更改了競賽規則。往年在台灣舉辦的比賽，定步推手是在墊高的模板上進行，選手右腳在前左腳在後，兩腳相隔約九十公分，以利選手站穩重心，但是今年的比賽，台灣主辦單位在未先行通知各國隊伍的情況下，擅自撤掉墊高的模板。這個看起來微不足道的小改變，卻讓地主隊占盡優勢，因爲在過去一年，他們一直是在正確的規定條件下練習。我在下文會繼續說明這個意外變化帶來的影響，以下先說明定步推手比賽如何進行。

兩名選手雙腳平行，相距三十公分左右，兩人靠得非常近，以右搭手左按手（雙方右手腕交叉輕輕碰觸，左手懸於左髖部就像西部牛仔一樣）做準備姿勢。擺出這個架式後，心理戰隨即展開。選手站穩不動，化巧妙的優勢爲充滿爆發力的攻擊。這是暗潮洶湧，兩相較量的一刻。

接著裁判發令「開始」，兩人立即出手。誰先移動腳步就失一分，若被摔倒在地，則扣兩分。如果有一名選手在一回合內領先超過十分，則該回合提前結束。乍看之下，你會以爲力量與速度是決定性的關鍵，誰的手先攻到對方身上似乎就贏了，但如果把比賽拆解開來就可以看出，有些招式足以駁倒其他招式。如果對方施以適當反擊，你的每一次進攻反而讓自己被對手摔倒在地。但連串的招式來得如此之快，簡直就像猜拳，好像在玩武術的剪刀石頭布。

這才剛開打而已。從起始式開始，比賽有各種發展的可能，數不清的誘敵招式，從各種角度發出的快攻，還有心理攻防戰。隨著時間累積，經過多年的自創訓練法和花工夫從失敗中獲取經驗，在一次又一次被對手擊下模板後，交手的過程在我眼中終於慢了下來。對手的攻勢在我眼中看來有如慢動作，我有辦法趁著對方眨眼的瞬間靈活的反擊。就像西洋棋一樣。在任何一項運動的最高境界，你要能進入對手的意念之中，支配著他用什麼戰術來攻你。

由於每場定步推手比賽開始的方式都是完全一樣，兩名選手擺出一模一樣的起始式，因此他們可以預先計畫攻擊的招式，而且可以隨著時間、經驗累積出多套組合與防禦招式，在裁判宣布比賽開始時，立刻向對方出招，就像棋力高強的棋士自有高明的開局棋步。打從我四年前頭一次到台灣比賽，我就一直在分析賽局，並且從規定的起始式——站在模板上，手擺出固定姿勢——去創造我的定步推手理論。台灣主辦單位在錦標賽舉行的好幾個月前，就用電子郵件告知模板的確切尺寸。在練習過程中，我按照這些資訊，將所準備的攻式與化解的招式一一吸收內化，將整個應戰程序演練到行雲流水般，甚至可以閉上眼睛等對手出招。我的身子一閃，避開攻勢，隨後便能直覺地出手反攻。這些拳招來往的同時，雙腳必須固定在兩塊小小的模板上保持不動。

沒想到就在比賽前夕，我們才被告知定步推手項目不使用踏台，而且另一隻手在比賽開始時的位置，從擺在後腰改成放在對方的手肘上。這是結構性的重大改變。拿西洋棋來比喻，就好比一個特級大師花了五個月，設計出參加世界冠軍錦標賽的開局棋步，卻在第一場比賽前才發現，由於規則莫名所以地改變，他所準備的開局戰術完全派不上用場。

短短一分鐘，一下子改變了所有事情，而我們只有短短幾小時去重新創造一整套迎敵的拳法。這個變化令人惱怒，但另一方面，主辦單位這麼做並不讓人意外。太極是中華文化的一部分，代表了東方運動與哲學的精髓。頂尖的台灣太極好手都是自小苦練。如果他們贏了比賽，就成爲國內的英雄人物，而且可以領高額獎金或獎學金。一日的勝利足以奠定未來的職業生涯。主辦單位歡迎外國隊伍來台比賽，卻不希望他們獲勝，這牽涉到國家榮譽的問題。

星期四凌晨一點半，我與陳至誠老師的兒子、同時也是我的好友麥克斯陳，一起研究比賽新公布的規則。麥克斯是三屆全美散手（中國拳擊）冠軍，也是功力深厚的推手名家，他很明白參加國際大賽的心情。我們一同擬定應敵計畫，隨後我躺在床上，試著想像這套新招式，直到三點鐘才入睡。

隔天早晨，大雨下個不停，南瑪都颱風剛離境。小時候和家人到巴哈馬群島度假，在船上經歷過不少颶風；像這樣盤桓不去的烏雲反而對我有激勵作用，我腦中靈感源源不絕。本來我們打算利用週五稍作休息，把車子油箱加滿，但眼前有這些新規定要消化，一切計畫不得不作罷。我們全隊十個人聚集在新莊體育館附近的公園涼亭，大家在練習場朝夕相處了一年，感情就像家人一樣，我們這群人認眞的準備比賽，對職責有著深厚的使命感。颱風下雨的颱風天，我們卻聚集在屋外，討論如何在腳下沒有模板的情況下應戰。麥克斯還在傾盆大雨中慢跑一小時，看看能不能在選手過磅量體重前，再減個一、兩公斤。狂風在耳邊呼嘯，即使躲在涼亭裡，大雨還是斜斜地打了進來。

丹和我急切地一同精練新的應敵策略。當隊友做著簡單的過招練習時，我們花了兩小時重新排出我們的定步推手招式。關鍵在於隨機應變，而且要將新戰略融入先前在紐約發展出的舊戰略。當你遇到突發狀況，如果根基夠扎實，就不會有太大問題；若是原理已經根深柢固，不難發展出戰術。過去下西洋棋和到台灣比賽的經驗讓我了解，選手哪怕是在客場比賽，也還是要遵守家規。而應付不正當的小手段，也是比賽的一部分課題。

第一天賽程

星期六早上，我們在早上七點半抵達新莊體育館，選手必須過磅量體重。所有人都飢腸轆轆，但在沒確定體重過關前，絕對不能吃東西。在投入這麼多心血和時間準備後，沒有什麼比即將響起的開賽鈴聲，更能讓我們面對現實。

在過磅站，我們遇到了來自世界頂尖太極學院的好手陳智誠和他的隊友，比賽的現實感又加深了幾分。兩年前，我就是敗在陳智誠手下，他就是我苦心準備多時所要挑戰的對手。我上前和他打招呼，沒想到他竟然告訴我，他今年報名參加的是七十五公斤（一六五．三磅）以下組，比我參加的量級低一級。我震驚不已。兩年來，我一直期待著再度與他交手，我的練習都是根據他多變又敏捷的應戰風格而擬定策略。在我心中，要贏得世界冠軍，就得打敗陳智誠。陳智誠說著指向要和我參加同一個量級組的隊友，我看了一眼，倒吸了一口氣。他們都叫他「水牛」，而他看起來確實充滿蠻力。在台灣，大家公認「水牛」是不敗的，他從小就接受訓練，打定主意要贏得世界冠軍。「水牛」的個頭比我稍矮一點，但體格卻比我壯碩得多。過磅時，他的體重是七十九．九六公斤（一七六．三磅），而我的體重則是七十八．一六公斤。他比我重了四磅，而且很可能是他減了十五磅才符合級組要求的體重。這傢伙是個令人望而生畏的硬漢。

所有人體重都過關後，我和隊友去看定步推手的賽場。我試著感覺一下地墊的摩擦力，接著四處走動一下，但我心中的警鈴馬上響起——比賽場地的範圍似乎小了點。主辦單位在好幾個月前，就把比賽規則和場地的規格（直徑六公尺的圓形場地）傳送給我們，我們便根據這個規格，在練習場畫出活步推手與定步推手的範圍。我已經將比賽場地的大小吸收內化，打拳時很清楚什麼時候腳跟距離場地邊緣只剩四分之一吋。在活步推手中，選手要是跨出界線外，就會被扣一分，而在連串過招中，你不會有機會低頭去查看自己的腳步——因此拿捏比賽場地大小的感覺相當重要。我們量了一下，發現比賽場地範圍比原先規定的小了十五吋。正式比賽還沒開始，主辦單位就已經在規則上動了兩次手腳。我們得重新適應新的規則。這種手法很典型，但若是我們氣得跳腳，對自己沒有什麼好處。

我們冒著雨走回旅館，吃了豐盛的早餐，精神充沛地在早上十點回到體育館準備上陣。定步推手和活步推手比賽同步進行。活步推手比賽有兩個比賽圈場地，定步推手則有三個。每一個量級的差距是五公斤，各分成男子組和女子組。今年共有來自全球各地超過四千名選手與賽，體育館內坐滿了支持者與觀眾，眾人高喊著我聽不懂的語言。遠遠的另一端，如芭蕾般行雲流水的套路比賽進行著；同一個屋簷下，激盪的熱血與平靜的冥想共存。

我的第一場比賽是活步推手，簡單來說，比賽規則如下：比賽由雙方手腕相搭開始——推手和摔角或柔道一樣，都是格鬥的比賽，並不鼓勵出手重擊。推手的攻擊目標區是頸部至腰部之間，選手不可將對方雙手鎖在其背後或拉扯對手衣服，除了這些規定之外，比賽並沒有太大限制。把對手摔出比賽場地圈外可以得一分；漂亮的以走化招法讓對手倒地而自己保持站立，可以獲得兩分，而要是你讓對手倒地，而你壓在對手身上，則可獲得一分。一場對決共有三回合，每回合兩分鐘；如果一名選手在一個回合內領先四分，該回合就告結束。三回合中贏兩戰者獲勝，如果回合勝局數相當，分數也相等，則體重較輕的人獲勝。不過這樣的情況少之又少。如果「水牛」和我能保持不受傷，也都盡力打進決賽，那我或許可以因體重而獲得一點優勢。

我碰上的第一個對手很強壯，動作很快，而且極具攻擊性，他的速度特別讓我吃驚。台灣的太極好手都有辦法讓對手耗費大量力氣，以巧妙的施壓與四兩撥千斤的手法，讓對手精疲力竭。他們的掤功非常好，也就是說，他們知道如何在扭抱時以前臂搶得內抱的位置。讀者可以想像，對手的左腳在前，左臂長探入我腋下，抱住我的背或環住我的肩頭，這一招叫做鎖臂。掤則是搶得鎖臂位置的拉鋸爭奪。搶得內抱的手臂有更多的槓桿，把對手摔出去的角度也稍微好一點，如果一名選手搶到「雙內抱」，表示他的雙臂由對方腋下鉗住對手的身體，這在所有格鬥型競技中都是有利的位置。如果你聽到習武的人講到「掤」之戰，並不是指兩人彼此互擊，而是指他們在搶箍臂的機會。

我後來才知道，掤勢竟然會是我這次參加錦標賽的重要戰略。讀者或許還記得，我在二〇〇二年的世界冠軍賽與陳智誠交手時傷了右肩。從那時起，右肩就一直是我的致命弱點。這次參加二〇〇四年比賽的三個月前，丹在訓練中找到了一個克制我的有趣方法。每當我在扭抱中從他的右臂箍住他時，他的手臂就從外側來壓制住我的手肘，讓我的肩膀痛徹心扉。痛了好幾個星期後，我決定放棄掤之戰，在練習中雙臂自取外部位置，免得讓右肩受到更大傷害。雖然我讓丹獲得箍臂的優勢似乎讓我處於不利地位，但時日一久，我反而漸漸對此感到自在。我找到一些削減他力量的巧妙方法，而且我發現自己可以把外側位置的角度轉成對我有利。

到了訓練的最後十週，在與丹之外的任何人對練時，我都由外部位置主導兩人的過招，我的弱點轉化爲後來在台灣比賽對我極爲關鍵的利器；同時，台灣選手掤的速度極快，我在錦標賽一開始就決定不去抵抗這一點——不要被他們擺布。就讓他們占有習慣爭取的先機，反正我已經減輕了他們訓練中的一大部分課題：控制放摔法的各種練習。接著我們在我已經很熟練的設定情境中交手，但對他們而言，他們從未像我一樣，對這個位置下了這麼深的工夫。這在最高階的西洋棋比賽很常見，頂尖棋士在理論稍嫌薄弱的布局中找到了隱藏的資源，他們精通一個早已被遺忘或理論上頗爲薄弱的布局，引導對手走進荊棘叢裡。

我的頭一個對手攻擊性很強，但他的招式並沒有太大的威脅性。他的掤功很好，帶著滿滿的自信攻向我，但一等我出乎他意料的從外側箝制住他，他的身形結構就有點不穩，像是地基不牢固的樓房。我知道如果我能承受得住他一開始的攻勢，就不會有大問題。我抑制了他想箝臂的意圖，幾次把他逼出比賽場地的圈外。我在第一回合就得了兩分，接下來仍保持領先，贏了初賽。

賽後我在一旁觀看「水牛」比賽。哇！他先是發勁把對手震出場外，接著又以迅雷不及掩耳的速度，將對手的雙臂都箝在他的左腋下，抓住對方的背，稍稍一蹲，就把對手摔倒在地。「水牛」粗暴地對付他的對手，而且看起來就是一副打不倒的模樣。曾有那麼一次，他在一次抛摔後看起來像是快要摔倒了，但他竟然有辦法劈開腿，用腳跟與腳趾穩住自己，一躍而起，就這樣保住兩分。我的對手竟然是這麼厲害的角色。我得要找到他的弱點，但我卻沒看見他露出什麼破綻。

我的下一場比賽是定步推手比賽，整場比賽除了分數算錯以外，沒什麼大問題——記分員竟然沒有把我應得的好幾分記錄下來，讓人又好氣又好笑。讀者想像一下，裁判向記分員示意我得分，但記分員卻視若無睹，好像忘記了還是沒看到裁判示意一樣。這樣的情況一而再、再而三出現。我的隊友和父親氣得大吼，但主辦人員除了用僵硬的微笑向他們點頭致意外，什麼補償措施都沒有。與賽的每個外國選手都受到這樣的待遇，即使抗議也不被理會。這就是他們的計分方式。這是他們的國家。我別無他法，只能不去管場外的抗議，想辦法拿下更多分。在大多數比賽裡，裁判不公對我沒差；等到進入決賽，各個選手實力相當，容許錯誤的空間很小，才會有所影響。我試著先不去想這問題。

我把握每個機會去觀察「水牛」比賽。他要得分實在是輕而易舉。他的技巧很好，而且他比對手強壯許多，可以輕鬆地在一輪猛攻後，把大多數的對手打出競賽圈外。但我開始察覺到他似乎有小小的弱點。他的步法敏捷，速度驚人，下盤沉穩，但我就是覺得他的身形結構不太對勁。

我下一場定步推手比賽的對手，是來自台南一所太極學院的頂尖好手。這間學院和陳智誠的學院是勁敵。兩所學院的學員都是出色的比賽好手，像士兵一般，強壯、敏捷、訓練有素，充滿攻擊性。從種種跡象看來，這一戰免不了一場廝殺，但當我們搭手時，我立刻就知道他不是我的對手。你可以從交手起始的接觸就摸清一個武術選手。高手穩重如山，彷彿大地在他們體內晃動；泛泛者則空泛許多。我的對手很快就被我發勁彈開幾次，讓我得了幾分。接著我開始混合不同招式，他根本來不及應付。我連著兩回合都獲勝，領先許多分，毫髮無傷。比賽結束，我繼續在旁觀看「水牛」下一場的定步推手比賽，他輕鬆地解決了與他實力懸殊的對手，但我在一旁卻越看越覺得他的椿有那麼一點不對勁。他的體格相當魁梧，旁人看著他輕鬆地把對手左拋右摔撂倒在地就目瞪口呆了，但我看他這種迅猛的動作卻像是在掩飾什麼。我還搞不清楚到底是什麼或怎麼回事，但我認爲在定步推手比賽裡，他並非所向無敵；然而，在活步推手中，他的確是無人能及。

第一天的賽程結束，而我毫髮無傷。這場錦標賽相當漫長，是心靈的馬拉松。幾乎所有的武術競賽的賽程都只有一天，因爲選手的身體經過一天的比賽後就累垮了。你可以在八小時或十小時的比賽裡突破一切，但賽後那一晚，傷勢的疼痛會慢慢浮現，等到隔天早上，你可能寸步難行或手抬不起來。這次的錦標賽賽程長達兩天，你必須要先在星期六的賽事中獲勝，而且不能有太嚴重的傷勢，才有望在星期日奪魁，成爲世界冠軍。

我躺上床，聽著雨點打在窗上。夢裡，有「水牛」的身影。

第二天賽程

星期日早上八時，我們抵達新莊體育館，接到另一個令人不快的意外消息。主辦單位竟然額外增加一個專給外國選手參加的錦標賽，預定就在冠軍賽之前舉行。主辦單位表示，這是所有外國選手都一定要參加的比賽。我問主辦單位，是否可以延至主賽賽事結束後再來參賽，得到的答案是不可能。這個荒謬的賽中賽，顯然是爲了要耗損那些順利晉級、即將與台灣選手對決的外國選手。一場耗時甚久的抗議在語言障礙的隔閡下展開，最後，幸好我的老師說起話來還算有分量，終於建立起溝通管道，主辦單位好不容易才同意，預計要參加主要賽事的外國選手可以等各人比賽結束後，再來參加這個賽中賽。

我在兩個項目中都還要各打兩場，才能贏得冠軍。首先是活步推手的準決賽，對手是來自台南那所知名太極學院的頭號人物。活步推手是他的強項，他毫不客氣地攻向我，掤手時雙肘緊靠著身體，動作敏捷，鍥而不捨，讓我不斷費力阻擋。他很快就出手攻擊，我迴身閃過，但卻踏到了邊線。我的直覺失誤——我以爲自己還在賽場圈線內，但我錯了。如果是在美國的練習場，按照原先規定的尺寸設立的比賽圈，那我的確是還在圈內。這是我的疏忽，失了一分，〇比一落後。接著我們再度交手，我誘使他把我推到賽場邊緣，再突然猛地反攻，逼得他離邊緣只有幾吋，但他椿打得很穩，沒有出界。接著換我變換節奏，轉而發動攻勢，對他施壓。我利用三個月前發展出來的「大蟒蛇」招式，把他一步步逼向賽場邊線，每當他想逃開時，我就把範圍再縮小一點，趁他吐氣時更向前逼近一步。在最後幾秒，我逮到機會把他摔得漂亮，但在我落地時，我的肩膀卻也被壓得劇痛。

在每個回合間的片刻，我躺在地上，用力呼吸，這樣做可以產生明顯的心理效應。在比賽前的幾個月，我們在練習時做了很多間歇訓練，培養在賽場上的爆發力，以及賽後的迅速恢復力。我們先是做一分鐘的練習，緊接著給自己一分鐘的時間復元；以這樣的頻率連續練個十五、二十回合，四個人交替輪流練習過招與復元。這樣練習的用意是爲了訓練出狂野的爆發力，上場時徹底發揮能量；哪怕交手後筋疲力盡，也可以迅速復元去面對下一回合的挑戰（參見第十六章的說明）。

有趣的是在比賽的幾個月前，主辦單位的通知載明選手在每回合間有三十秒休息時間，但等我們抵達台灣後，才知道休息時間被延長爲一分鐘。我在美國和隊友練習時，主要是把一分鐘的間隔當成一種訓練機制，讓自己能夠徹底發揮能量但不過度勉強，同時也試著讓自己能快速復元。而現在主辦單位改變了規定，正好和我們的訓練一致。這樣一來，我深知必要的話，我可以在場上耗盡每一分力氣，而當我躺平在地上做六十秒深呼吸，就可以完全恢復，爬起來再戰一場。每一回合結束後，躺在地上的我看起來像具死屍，但其實我很好。

第二回合。鈴聲一響，我的對手立刻攻來。我擋住他，讓他取得箝臂的優勢，鎖住一扭，向左、向右，他果然中計，但我在第三次嘗試時找到機會把他摔出場外，倒地。我眞的找到了封鎖這些技巧高超的選手的手法：我讓他們輕鬆取得他們平日慣於爭奪的優勢，卻因此而開創了新的戰場。在他們預期會受到抵抗的地方，我毫不反抗，卻在他們意想不到的狀況下，發出更多的反擊。眞沒想到這一切都是因爲我肩膀的舊傷而起。

我打亂了他的戰略，而且領先了兩分。他面露疑惑，不一會兒，疑惑轉爲狠勁，他再度向我攻來，盡全力一擊，猛然扭身，失去控制。我順著他攻來的力道躍起閃過，落地後站直身子，順勢把他拋摔出場外，落地。這一回合我獲勝，也贏得了這場比賽。

我在場邊看到「水牛」又打倒了一名對手，現在就剩我和他爭奪推手冠軍了。我仍然看不出他的身形有什麼弱點，但我已經有了應戰計畫。距離我的定步推手準決賽還有四十五分鐘，但我的狀況不太好。我的肩膀劇痛，右手臂只能稍稍抬起，無法高過腰部。我全身傷痕累累，一隻眼睛被打得瘀青，前額有摔在地墊上磨出的紅印，全身疼痛不已。我很擔心右肩的狀況。全隊只剩我和丹沒被淘汰，我們兩人躺在地墊上呈大字型，讓隊友爲我們按摩雙腿、肩膀、手臂。我把連衣帽的帽子拉起戴上，躲到角落去，希望可以再撐過三場比賽；等比賽完全結束後，要怎麼痛都沒關係。

耳邊傳來大會廣播要我準備參加定步推手準決賽，我花了很大力氣才走到比賽場邊。我的對手是一個我一直在注意觀察的好手——四十多歲，胸肌厚實，孔武有力，穩重而帶著日本武士味道。他的年紀幾乎比所有選手都大，也是他的年齡組中唯一沒被淘汰的選手。我看過他和較年輕、較敏捷的選手過招，他的技巧很明顯地高人一等。我不知道的是，其實他是全世界最受尊敬的太極拳老師之一，體育館裡坐滿他的弟子，加油聲震天響。我只知道，他們不是在爲我加油。

第一回合。我們的右手腕相搭，在裁判還沒喊第一聲開始之前，就可以感覺到他在探我的底，以少有人能辦到的內力功法在爭取他的優勢空間。裁判一聲令下，我先下手爲強，卻撲了個空跌倒，失掉一分。這次面對的對手有眞功夫。如果武術中眞有魔術，那他就是那個會變魔術的人。下一次進攻，我又被他發勁彈開，再失一分。他那有力的腿勁，我實在無法撼動，我試了一次橫打，贏了一分。他接著先把我彈開，再把我吸入黑洞裡。這下我以一比四落後。通常我在定步推手項目所向無敵，但眼前卻碰到了眞正的高手，他熟諳太極拳中我尚未體會的精義。

定步推手比賽每回合是三十秒停止計時賽（每次有人得分，計時鐘就暫停），三十秒時間足夠雙方迅速交換十五至二十招，卻來不及推敲對手的招式。我下盤一沉，發動攻勢，果眞逼得他後退。我應該可以再得一分，但有個裁判走過來說這一次得分不算，因爲我的對手的起式搭手姿勢違規。這眞是奇怪的邏輯。接著我再得一分，裁判一樣不列入紀錄。我聽見隊友和我老爸在場邊氣得大吼。

這是我第二次參加這個錦標賽，而這兩次經驗都讓我對裁判的虛僞不公感到詫異。這一次，我已經熟悉主辦單位的行事模式，基本上他們的作法大致如下：先舉行個盛大的開幕典禮歡迎外國選手，事實上他們並不希望我們贏得比賽。他們往往會在選手剛開始過招時，先以許多令人難以接受的裁決，讓整場比賽的氣勢一面倒。當外國選手發現比賽不公，情急之下亂了陣腳，情緒激動，不再能保持沉穩專注，進而越打越糟，士氣潰散。接下來，一旦台灣選手掌控了大局，這時裁判的判決又變得格外公正。事實上，他們會變得過度和善，以做出公平的假象。

我來參加比賽前就已經清楚這一切，所以我很明白獲勝的關鍵是要能不斷的得分，而且在裁判不公正的判決後毫不氣餒，立刻收斂心神再戰，絕不要被動搖。我盤算著，如果我能控制比賽的動向，那麼評審就很難去影響比賽的結果。說實話，我對於這場比賽的對手相當敬重。除了我們美國隊的十名隊友，整個體育館都與我們爲敵，但不能怪台灣民眾希望他們的代表能贏得比賽。

此時的我落後三分，必須急起直追。對方又得了一分。我必須立刻停止接連失分的劣勢，否則難以追回失分。我在兩個月前，新創了一個預期在這次錦標賽中可能極具決定性威力的招式，我們稱之爲「熊抱」。使用這一招時，我會讓對手長驅直入地攻中我胸膛，屆時我的雙臂立刻緊緊環繞到他背後，趁著他推我時，我下盤一沉，把他一起拉倒，或者我也可以抱著他向左或向右扭。這個動作如果做得乾淨利落，接招的對手手腳都無法使力，像跌入一個空洞，但手腕痛得像是要爆裂開來。他別無選擇，只能隨著出招的人一起倒地。我用這招引他攻進，使出熊抱，把他拉倒在地——獲得兩分。

我的對手以五比三領先。他從未見過熊抱這招，我故技重施，這次把他摔到右邊去，比數追成五比四。這時裁判走過來，試圖干擾我，他要我調整左手在起始式的位置——一種心理戰術。我對裁判微笑，不爲所動，繼續打我的硬仗。熊抱再次奏效，得分。兩人暫時打成平手。我的對手走出比賽軟墊，再走回來，他體會到了什麼。如果我使出熊抱，他的左臂就轉而伸出來絆住我右臂。他找到了答案，但我也已經有了新的變化招式。我們的過招變得無比流暢，你來我往，就像在華盛頓廣場公園玩快棋一樣。

這場定步推手比賽是個別具意義的經驗，起先速度快但打打停停，像是吃力的猜謎遊戲，但接下來在我的意念中，過招似乎慢了下來。這些年裡，隨著我越來越能在壓力下放鬆，也隨著我的身體累積足夠抵抗力，這些攻擊並不會影響我，比賽變得完全是心理層面的角力。我總覺得，即使是同樣的動作，我比對手看到更多格的分隔畫面，因此能更集中注意最小的細節，例如眼睛輕輕一眨，或是剛開始呼氣的瞬間。當我們兩人手腕相觸時，我通常猜得到對手會使出的進攻招式，而且我學會如何應用最微妙的壓力去支配他的意圖。但眼前這位優秀的定步推手高手卻能善加利用自己面對的情勢。我沒辦法擾亂他的心思，也有可能，每次我好不容易攻入了他的思路，他就又把我踢了出來。

我試著再使出一記熊抱絕招，但他徹底防鎖我的進攻，看來他已經找到破解之道。我的隊友努力了兩個月都還破解不了我的絕招，他卻只花了幾秒鐘。我以五比七落後，這一回合的時間所剩無多。我作勢猛攻，但卻中途改爲箝制他的右臂，並且把他摔出去。這下我和他之間只剩一分之差，還有一・一秒第一回合就要結束。我必須快速得分。奮力一拚的結果，是以四連擊的招式，在鈴聲響起的那一刻得分。好不容易，第一回合勉強和他打成平手。

第二回合一向都是左腳在前起始。不知怎地，我的對手的身形似乎不如前一回合右腳在前時那麼穩固。我開始在進攻時沉住下盤，利用假招、緊密的連環招，和誤導招式去誘敵。我注意到，我光是在心中設想，實際上連動都不用動，他也能感應到我的意圖，並且有所反應。他對於我的意圖極爲敏感，所以我使出「隱形攻勢」，也就是假裝要使出某一招，讓他難以捉摸。我干擾了他的思路。他感覺到了，攻勢變得兇猛，嘴裡咒罵著。我容忍他的襲擊，因爲我知道我的底盤夠穩。我開始接招，並且發勁把他彈開，拿下許多分。但接著我犯了錯，直擊而入，讓他把我摔倒在地，痛失兩分。如果我這時稍有鬆懈，他就會立刻毀了我。他滑進後繼續猛烈地攻擊。我們在這一回合只剩三秒時打成平手。我想用連環四捋將他拔根，卻沒有眞正發揮，但我最後仍然用奮力一震得到另一分，而贏了這場比賽。

第三回合，雙方再次以右腳在前起始，這是我對手喜歡的位置，我也同樣喜歡。我們倆你來我往地交手，彼此接連得分。我的隊友喊著**老虎，老虎，解決他**（小時候下西洋棋，我的啓蒙恩師布魯斯習慣叫我**老虎**，這個綽號此後一直跟著我），場邊的群眾則用中文幫他們的選手加油。他們偏愛本國選手，這是人之常情。接著我注意到一個破綻。我的對手找到了破解熊抱的方法，壓制住我向前的右手肘，讓我無法將右手向外翻去使出熊抱——但我發現，如果我心裡閃過熊抱的念頭，他在壓制我右手時，他自己的腋下反而會露出破綻，讓我可以利用內掤的技巧鎖住他左臂。如此一來，我開始利用鎖臂將他向左或向右摔出。我針對他總能感應到我的出招意圖的特點，用虛招欺敵，再利用他的反應予以反擊。這是很狡猾的作法。我利用他不尋常的感受力去反制他。好不容易，我終於逮到機會施展右鎖臂，緊緊環抱住他整個人，他重重摔到地上，在那一刻，我感到一股惆悵，像是我殺死了最後一隻獨角獸似的。這場比賽結束後，我們相擁致意。我告訴他，他帶給我很多啓發。

接下來，還有定步推手和活步推手決賽，對手同樣都是「水牛」。兩天下來，我們一直在暗自估量對方的能耐，心裡也很明白，這場盛大的國際賽事最後的關鍵，便是我們兩人之間的戰爭。「水牛」在活步推手項目有如一股不可抗拒的自然力，他用蠻牛般的衝勁和高超的拋摔功夫，征服了他的對手，而且他的掤手技巧好得沒話說。丹和我詳細研究了他的手法，發現他大部分的抛摔都融合了非常精準的步型和步法。我不但得化去他的步法與力量，不被逼出賽場範圍，還要反擊和尋找破綻。我的應戰計畫就此訂下。

在進行所有決賽以前，有一個鐘頭的休息時間。定步推手決賽先上場，這對我來說是件好事——我看出水牛的身形結構有個弱點，打算在他拿手的活步推手決賽開始前，先擾亂他的思緒和士氣。我聽著耳機裡阿姆演唱的〈豁出去〉，準備應戰。我感覺到自己冷硬地武裝起來，準備對抗這個世界，就像拔掉煞車器的貨運列車一樣，全速向前奔馳。

定步推手世界冠軍決賽

「水牛」走進比賽場地，在我面前停了下來，他直直看入我眼中，狠狠從丹田吼出一種原始的聲音，看台上有人應和，整個體育館頓時爆出歡呼。他是全場觀眾支持的選手。我們兩人手腕相搭，我馬上感覺到他強烈的侵略性。很好，我得要充分利用這一點，保持他的侵略性。「水牛」一個猛攻把我摔出去，拿下第一分。接著他再度攻來，但我依然讓他欺近身，雙手環著他雙肘，下盤一沉，用熊抱法一拉，水牛倒地，我贏得兩分。我們每次過招都是雙方右腳在前，手背相搭，集中精神等待裁判的指令。那幾秒的對峙可說是複雜的心理戰。你可以藉此讓對手平靜下來，或者你也可以挑戰他的自尊，讓他迫不及待出手攻擊。一次又一次，我用小破綻把「水牛」誘近身邊，而「水牛」就像看見紅布的公牛般，又快又猛地攻進來，不過我早在他攻到我身上之前就已經閃開。裁判對我攻下的兩分視而不見。我聽到有人抱怨裁判的判決，但此時此刻我不在乎這些。我幾乎發狂了，沉浸在專注狀態。我知道要贏的唯一方法，就是要拉大分數差距。熊抱是我對付「水牛」蠻力的必殺絕技。他一再被我摔倒在地，似乎搞不清楚怎麼回事。第一回合我遙遙領先。

到了第二回合，我感覺自己所向披靡。我不在乎裁判的判決，也不在乎分數。我攻下一分又一分，聽到丹和隊友不停在旁邊喊著：**老虎，老虎，解決他！**我掌握了「水牛」的思緒，逐步洞悉他的意圖。我父親說這是他最喜歡的一場比賽，一場打得漂亮、讓人看得激動的比賽。對我而言，這其實是很技術面的一場比賽：我在踏進比賽場地前就已經贏了。比賽結束後，隊友蜂擁而上，把我抬了起來。除了老爸和身邊隊友的聲音外，全場一片靜默。我贏得了世界冠軍。

接下來就看我能不能在活步推手決賽打敗「水牛」，贏得雙料冠軍。

活步推手世界冠軍決賽

「水牛」走進賽場，發出狂野的低吼，雙拳使勁在空中揮舞。我在比定步推手時發現他的弱點，對我大為有利，但現在比的是他拿手的活步推手。他從小接受訓練，為的就是拿下世界冠軍。我沒有任何可以破解他功夫的招式，只有一些想法。「水牛」無疑是比我優秀的運動員，但或許我更善於思考。比賽鈴聲響，他馬上發動攻擊，以掤勢近身要搶鎖臂。我花了幾秒鐘時間要搶內側部位，但他的力量太大，我決定不跟他明搶——沒道理硬碰硬。他的左手深掤到我的右腋下，環住我的肩膀。我的右腳在前，右臂緊鎖住他的左前臂。他有槓桿優勢可以把我擠出場外，或是用某些招式把我摔倒，但我也有些絕妙武器可以利用。當我覺得時機成熟時，我往左邊一拐，我們倆一起重重跌下。這是我使出的摔招，但我的左手肘不巧在他跌下前先觸地，於是算他得分。〇比一落後。我的上衣被扯破了，其實我一點也不在意，但工作人員還是要我去換件上衣。

雖然我失了第一分，但我仍覺得不無勝算。比賽繼續，我們再度搭手，我再退開，接著長驅直入攻向他，試著跳過去攻擊他的背部，但他動作實在太快，一下就抱住了我。我們退後分開，我在他身邊跳著，找機會想要快攻進去把他摔倒，卻沒有成功。我們倆都在探測對方的功夫。接著他用力旋轉，我順勢被帶走，力道是很強，但我的根還在；等我身體快落下觸地時，他已壓在我身上，再順勢推我一把。我沉住下盤，但他鍥而不捨地猛攻，終於把我逼出場外。這時我以〇比二落後，距離第一回合結束只剩一分鐘。我試著變換一、兩種不同的招式，卻找不到任何進逼的空隙。他自信滿滿，而且實在太強壯了，我必須想辦法利用他的力量，別無他法。我和他箝抱在一起，倚在他身上，讓他感受到我的重量和我的疲憊。他開始慢慢把我逼向場邊，我也隨他擺布。他很謹慎，每次都只前進一小步，從不過度伸展而露出破綻。我背對賽場邊緣，把左腳定在離線一吋的地方，發勁抵抗他的右臂，嘶吼著，拚了全力把他摔出去。他抵擋不住，摔出場外，而我也重重摔在他身上。現在比數是一比二，再過十一秒這個回合就結束了。我必須再得一分，但我已經精疲力竭。丹在旁吼著，我的隊友高喊：**老虎，老虎，解決他！**且越喊越快。**我現在得使出絕招，要再得一分，要使盡全力**。裁判一聲「開始！」我立刻像台卡車般狠狠地攻向他，他稍微退後了點，但又穩住了腳步，試著想要拖到鈴響。我抱著他向旁邊一扭，我們倆開始迴旋打轉，一會兒是我背向場邊，接著換他背向場邊，再一轉又換成是我，完全的混戰。我大吼著，用力拉過他扭轉方位。他人已經被逼到場邊，但仍然箝著臂，看起來狀況還好，難以置信地沉穩。對於接下來發生的事，我只能猜想自己發揮了不曾察覺的深層潛力，贏得了我這輩子最戲劇化的一分。在只剩一秒鐘的時候，我把他推出場外，緊跟著勁力一發，把他摔個四腳朝天。我彈起身子後落在他身上，用肩膀抵住他的肩膀，頭越過了他，直撞到地上。鈴聲響起，全場觀眾歡聲雷動，連台灣觀眾也爲我驚呼；現在的比數是二比二平手。

休息六十秒。我立刻躺平在地，劇烈地喘息。事後從錄影帶看來，壯碩的「水牛」有些提不起勁。麥克斯替我揉肩膀，我把呼吸放慢，試著讓自己在下一回合鈴響前恢復過來。希望如此，但沒有把握。

第二回合開始。「水牛」像一頭發怒的野獸般走進賽場，看台爆出如雷的加油聲。我站起身來，拖著腳步慢慢走進場中央，希望自己不會中途倒下。比賽一開始，「水牛」立刻攻過來，他的勁力穿透我的身子，似乎可以深入地下，感覺像是一道電流通過。我把他彈開，現在的我完全清醒，準備迎向這場硬仗，全身的疼痛一下子消失無蹤。「水牛」再度攻向我，一邊掃開我右腳，一邊用力扭住想把我踹倒，但我早一步察覺到他的攻勢，左腳立刻上前補位，壓制住他的雙臂，也化解了他的招式。我早就知道要提防他危險的腿上功夫。我讓他搶得左鎖臂，再從外壓制住他的手臂。他想要尋找破綻，但我防阻得宜，一邊等待、傾聽；這場過招規模似乎縮小了，一切都慢了下來。我察覺到他將重心從後腳移至前腳，好發動攻擊。我立刻趁著他雙腳都固定不能離地的剎那使勁一摔，他先倒地，我摔在他身上，肩膀撞上他身軀的左側。我以一比〇領先。他立刻回攻，用蠻牛般的勁道甩去剛才的失分，但我察覺到他的來襲，順勢把他拉得更遠一些，他又摔倒在地上。我再得一分，二比〇領先。接著我又逮到他腳法上同樣的破綻，同樣完美的時機，內鎖臂，順勢一拉，我們雙雙跌下，我再次重重壓在他身上。這下我領先三分！

這時候，我犯下了這次錦標賽唯一的錯誤。我已經把他的士氣打散了，他又再度攻來，我把他彈到一旁，左腳離場邊只有幾吋。我應該就此退後或放慢攻勢，但我眼看勝利在望，操之過急，反而露出破綻，一不小心讓他把我摔倒在地，得了兩分，這下他扳回一城，把比數追成三比二。是我自己大意。剩下沒多少時間了，我的體力消耗殆盡，而他也沒好到哪裡去。此時，情勢開始失去控制。他向我直衝而來，我順勢一帶，差點又把他摔倒，但他根本不顧自己，只是一味猛攻。我們滿場遊走，他攻擊，我化去攻勢；我反擊，他接招。我聽到麥克斯大喊：「喬希，還有十五秒！」我盡全力出招把他摔出去，他根本不停下來防守。他攻，我守，我精疲力竭；感覺上那十五秒應該已經過了。事隔兩年，我再回頭看當時的錄影帶，麥克斯朝女計時員揮手示意，但緊接著發生的狀況真是匪夷所思，令人不可置信，當時現場還有很多目擊者，眾人的說法一致。當計時器走到兩分鐘整的時候，計分員正要按鈴，但有位主辦單位的人員作勢要她別按鈴，於是計時器繼續走，二分零四秒、二分零五秒、二分零六秒，時間一秒秒過去。我們在場內一陣亂打，陷入完全的瘋狂。我原本調配好比賽的步調，在最後十五秒奮力一搏，如今時間被拉長，我的疲憊已經不是「精疲力竭」可以形容。我明明以三比二領先，而主辦單位竟然逾時仍不中止比賽。所有人都高聲喊叫。我的雙腳沉重得抬不起來，而「水牛」使出全身最後一絲力氣，出招把我摔出去，我撐不住，搖搖欲墜；他跌壓在我身上，得了一分。這時主辦單位按鈴，時間到，三比三平手。

在官方紀錄上，第一、二回合我們都打成平手。我仰臥在地，讓呼吸和緩下來，從不曾如此精疲力竭過。麥克斯和丹幫我按摩手臂和肩膀。鈴聲再度響起。第三回合，我們就要用這一回合一決勝負。如果我們再打成平手，我的體重讓我有平局優勝的優勢。比賽到了這時候，兩人都是全憑直覺過招，看誰撐得過去。時間彷彿在另一個現實空間運轉，全靠平日的訓練在支撐自己。第三回合開始，我擋住他的攻勢，讓他取得鎖雙臂的位置，再發動一記我已經苦練多年，但從未在這次錦標賽使出的推手新招。我把他的右臂困在我的左手肘下，向前頓一下去激起他的反應動作，接著我轉身向左，翻過我的右肩和他被限制住的右手臂，我的重心下沉而且拔了他的根。他的身子以弧形飛過我頭頂，我們一起重重跌下，我的肩膀摔在他肋骨上。很乾淨利落的一招，但裁判不判我得分。我累得連生氣的力氣都沒有。裁判說我和「水牛」是同時落地的，不過我相信「水牛」的肋骨不會同意這種說法。沒有得分。我實在沒什麼力氣了。我們花了十秒探探彼此的狀況，接著他出手攻擊，逼我傾身，把我摔在地上，非常漂亮。我以〇比二落後。**麻煩大了。要想想還有什麼可以制敵的妙招**。

這時「水牛」改變戰略，決定要絆住我，拖到比賽時間結束。我花了超過一分鐘的時間思考對策，卻徒勞無功；從錄影帶上看來，我像是已經放棄了一樣。我的身體欲振乏力，但就在那時，我看到了破綻，再次發勁使出裁判剛才不承認的摔法，但這次我到最後卻更用力的把他摔出（以拐成九十度的腳踝爲支點），腰向後彎，整個身子躺在他身上，讓裁判無話可說。我順利得分，以一比二落後。**還要想辦法再得一分**。

那種感覺很像電玩遊戲裡，戰鬥者的耐力消耗殆盡，而你得想辦法拖住對手，躲過猛烈的攻擊，直到你恢復了足夠的氣力，再痛下一擊。那正是我該做的，拖住他，直到我多恢復點精力，再把累積回來的每一分力氣都放在時間抓得恰到好處的一記摔法上。如果這一招不奏效，我就只有垮倒在地的分了。

接著我發現了他一個小小的破綻。我們倆箝緊彼此，我困住他的右臂，假意向前，發動我全身的力量來完成一次二頭肌拋摔招式。他倒地，我壓在他身上，肩膀撞在他肋骨上。我們再度打成平手。時間只剩下十九秒。**我只要再想辦法拖到時間終了，我就贏了**。這時，賽局又出現了奇怪的變化。又一次，裁判判定我使出的拋摔不能得分，宣稱那是違規的手法。美國選手和主辦單位的人員都湧到比賽場地邊。我的隊友把我和「水牛」的對決用攝影機拍了下來，於是一大群主辦單位人員與兩隊的隊員全都埋頭觀看錄影畫面。包括裁判、台灣太極總會理事長、陳老師、我的隊友、「水牛」的隊友、比賽場上的所有人，都圍過來看錄影畫面。差不多有十五分鐘，全場陷入混亂、爭執，和算計。

有趣的是，我對手的教練和他的所有隊友在事後告訴我，他們覺得裁判的判決相當離譜。不論怎麼看，那一記摔都是有效的。沒想到地主國的裁判竟然會在爭奪世界冠軍的最後一分鐘做出這種事。經過漫長的爭執，裁判表示，這項質疑將等到賽後再予以裁決。但在此時來說，我落後一分，時間只剩十九秒。我必須繼續比下去，否則視爲棄權。好吧，在那短短的十九秒裡，我拚了。我使出渾身解數出招攻擊，讓整個局面陷入完全的混亂，鎖住他，一扭把他摔出去。在平日的練習，被我這麼一摔的對手應該會倒地，但「水牛」卻寧可受傷也不肯倒下，他的手肘整個向後折，想必痛得不得了，但他不肯放棄，挺直身子，直到時間到，鈴聲響起。眞是條硬漢！

我坐在地上，看著眼前的混亂爭執。目睹裁判不讓計時員按鈴宣告回合結束的目擊觀眾由四周蜂擁而上。太極總會理事長和裁判等人聚集在體育館中央觀看錄影畫面。我對手的教練，也就是陳智誠的父親，人很正直，他同意理事長的看法，認爲這種作法是不對的。他們建議由我和「水牛」並列冠軍。我走向裁判長，要求他判出一個眞正的勝利者。再打一場延長賽。我知道我可以打敗「水牛」。對方的教練同意以兩分鐘爲限，由國際裁判主審，以誰先得分誰就獲勝的方式，來決定世界冠軍得主。他們去場外找「水牛」。我在場邊來回踱步了二十分鐘，熱血沸騰——如果心理上還有超越專注狀態的地帶，那就是我當時的感受。想不到「水牛」的手肘傷勢過重，無法繼續比賽，大會便判定，活步推手由我和「水牛」並列冠軍。比賽就這麼結束了，不再有下一場仗要打。武術的猛烈逐漸退去，取而代之的是痛楚、平靜，與戰友間的相知相惜。「水牛」和我步伐踉蹌地一同站在冠軍台上，互相擁抱，也互相支撐。

學習的王道

任何一項運動的最高境界，要能進入對手的意念之中，支配他的戰術。只要根基夠扎實，即使遇到突發狀況，也不難發展新的戰術。

後記

在我經歷二〇〇四年台灣世界推手冠軍賽過後兩年，我仍然在消化這次與賽的經驗。我一生中不曾如此深入的挖掘內在。不曾如此。那是刺激但又有點陌生的經驗。我見識到一部分我過去所不知道的自己。爲了生存與勝利，我化身爲純粹而熱血的鬥士。那時我還不明白鬥志早已存在我的內心，等待著，但多年來我的努力肯定讓自己可以、甚至是必然的搖身一變成爲鬥士。

這個新生的部分又和我這輩子所認識的喬希、那個西洋棋手、那個曾經怕黑的孩子、那個喜愛雨天、反覆閱讀傑克・凱魯亞克作品的年輕人有何關聯？這個新生的部分又如何和我熱愛的佛學與甘地的非暴力抵抗與不合作主義（satyagraha）相容？說實在的，我至今都還在試著釐清這些問題。我還要再繼續探索這一部分的我嗎？有可能。但或許會用不同的形式。台灣之行歸來，我一心想要回復正常的練習，不讓自己以為自己已經達到巔峰。在過去兩年中，我已經又重新再來一次。新的開始。前方還有偉大的探險。

這本書的寫作歷經積極投入又漫長的多年時光。在成長的歲月中，置身於小小的臥房裡，我想都沒想過有朝一日會有這些戰役等著我。在我書寫的當下，我的想法也一直在改變，愛戀逝去又萌生；我曾經在冠軍大賽飲恨戰敗，也曾贏得冠軍的殊榮。如果在我生命中的前二十九年裡我曾學到什麼東西，那就是對於比賽、冒險，和偉大的愛情，我們無法從頭到尾步步為營的仔細盤算。我們唯一可以確認的就是，在過程中必定充滿意外。不論我們做了多充分的準備，在人生真正的考驗裡，我們總是會踏入不熟悉的領域。我們面對的條件或許很不理想；感覺像是全世界聯合起來與我們作對。這就是我們要表現得比平日更好的時候。我相信關鍵在於，我們要以能不斷觸發靈感的方式去準備、要打好基礎，以便在最狂亂的壓力下，也能有創造性的表現。

我希望讀者閱讀本書後能夠感到激勵，或許更放大膽子，按照你個人獨特的天分去追隨你的夢想。這就是我的抱負。我在本書中所分享的概念對我自己很有效，希望這些概念能為讀者提供一個架構與方向。然而，成功或快樂沒有固定的配方。如果你覺得我的方法聽起來不錯，儘管納為己用，多多磨練，加入你的個人風格，把我的說法拋諸腦後。最後，要鍛鍊熟練的技巧得先發掘對你最有共鳴的資訊，並且將之完全且深入的整合吸收，直到這資訊消失無蹤，容許我們自在的飛翔。

致謝

一路走來，家父佛萊迪・維茲勤（Freddy Waitzkin）一直在背後支持我。老爸，對於你的愛、耐心、指引，和始終如一的支持，我的感謝難以言喻。不論情況如何，你一直都陪在我左右，你我都清楚，沒有你，我沒辦法走到今天。媽，你是最好的母親。卡提雅，我膽大的潛水夥伴和寶貝妹妹，我以妳爲榮。我愛你們。在我們一家瘋狂的維茲勤式作風中，我們牢不可分。

我有幸能受到許多良師指導。我極爲思念的祖母史黛拉・維茲勤，教我如何傾聽。雪莉・史克蘭老師激勵我動筆寫作。Dennis Dalton 和 Robert Thurman 教我懂得感受。陳至誠老師教我如何放下執著。John Machado 讓我學著全部重來。

我的摯友與隊友，丹・考菲爾德、麥克斯陳、Tom Otterness、Jan C. Childress、Jan L. Childress、Trevor Cohen，和「小戰士」Irving Yee——謝謝你們，我的夥伴，謝謝你們幫我打造出我們的實驗室。我們還有很長的路要走。

關於本書的誕生，我由衷感謝經紀人 Binky Urban，一個很棒的經紀人。多謝妳的耐心和妳的遠見。

我優秀的編輯 Liz Stein 從一開始就對本書深具信心，給了我很大的空間讓書成形。和妳合作是非常愉快的經驗，我在這個過程中學到很多。

多謝 Mike Bryan、John Maroon，與 John Henrich 大力出手相助。

感謝我的試讀者，在我最需要時提供了寶貴的意見。Desiree Cifre、邦妮・維茲勤、Elta Smith、Bindu Suresh、Hannah Beth King、Toby Buggiani、Tom Otterness、丹・考菲爾德，你們實在太棒了。老爸，你一直是我的磐石。

Light Buggiani、大衛・阿奈特、Rebecca Mayer、Maurice Ashley、Andy Manning、Jeffrey Newman、Mike Bryan、Paul Pines、Carol Jarecki、布魯斯・潘道菲尼、史維托哲・喬伐諾維奇，和 Diana and Jonathan Wade，謝謝你們的友誼和你們給我的啟發。

吾愛黛絲，妳是我最美的夢。

國家圖書館出版品預行編目 (CIP) 資料

學習的王道／ Josh Waitzkin 作 ; 游敏譯 · ——二版 · —— 臺北市 : 大塊文化 , 2020.07 · ——面 ; 公分 · —— (Smile ; 93)
譯自 : The art of learning : journey in the pursuit of excellence · ——ISBN 978-986-5406-86-8(平裝) · ——1. 學習心理
521.1　109007634

LOCUS

LOCUS

LOCUS

LOCUS